POR QUE PERDEU?

MARCELO DE MELLO

POR QUE PERDEU?

dez desfiles derrotados
que fizeram história

1ª edição

EDITORA RECORD
RIO DE JANEIRO • SÃO PAULO
2018

CIP-BRASIL. CATALOGAÇÃO NA PUBLICAÇÃO
SINDICATO NACIONAL DOS EDITORES DE LIVROS, RJ

M476p   Mello, Marcelo de
       Por que perdeu? Dez desfiles derrotados que fizeram história /
Marcelo de Mello. – 1ª ed. – Rio de Janeiro: Record, 2018.
       il.

       ISBN 978-85-01-11264-4

       1. Carnaval – Rio de Janeiro (RJ). 2. Escolas de samba –
Rio de Janeiro (RJ).

17-45613   CDD: 394.25098153
                                        CDU: 394.25(815.3)

Copyright © Marcelo de Mello, 2018

Todos os direitos reservados. Proibida a reprodução, armazenamento
ou transmissão de partes deste livro, através de quaisquer meios,
sem prévia autorização por escrito.

Texto revisado segundo o novo Acordo Ortográfico da Língua Portuguesa.

Direitos exclusivos desta edição reservados pela
EDITORA RECORD LTDA.
Rua Argentina, 171 – Rio de Janeiro, RJ – 20921-380 – Tel.: (21) 2585-2000.

Impresso no Brasil

ISBN 978-85-01-11264-4

Seja um leitor preferencial Record.
Cadastre-se em www.record.com.br e receba informações
sobre nossos lançamentos e nossas promoções.

Atendimento e venda direta ao leitor:
mdireto@record.com.br ou (21) 2585-2002.

"Samba, que me faz feliz/ Em sua raiz tem arte e poesia"

Trecho de "Gosto que me enrosco",
samba-enredo da Portela de 1995,
de Noca da Portela, Colombo e Gelson.

Para meu pai, Osmar de Mello, porque
sua lembrança tardia me dá a certeza de
que, apesar de tudo, nada está perdido.

Agradecimentos

A ingratidão é tão danosa aos afetos quanto uma nota injusta para uma escola de samba. Pode dar a impressão de descaso mesmo quando esta é a última intenção. Por isso, antes de agradecer nominalmente a muitos que me ajudaram a escrever o livro, peço desculpas por possíveis omissões — seja um colega de trabalho que me deu o contato de um entrevistado ou alguém com quem conversei no café para checar uma informação. Para todos vocês, sem exceção, bato o meu tambor.

Agradeço a Ana, companheira de mais da metade da minha vida e diretora de harmonia que me alerta quando posso atravessar o samba. A Aloy Jupiara, pela leitura crítica exigente, mas generosa na mesma proporção, dando sugestões para o texto ficar mais preciso e chamando a atenção para o risco de mal-entendidos. A Fabio Ponso e aos colegas do Centro de Documentação e Informação da Infoglobo; ao Centro de Memória da Liga Independente das Escolas de Samba, em especial a Fernando Araújo; ao Cedoc da TV Globo; e aos funcionários do setor de periódicos da Biblioteca Nacional —

fundamentais na pesquisa. A Marcelo O'Reilly, cujo trabalho de digitalizar publicações antigas tem valor inestimável para a história do carnaval. Aos independentes Bárbara Pereira, Fábio Fabato, Rafael Galdo, Renato Buarque e Tiãozinho da Mocidade, por tirarem minhas dúvidas em relação à sua querida escola. Aos portelenses Luis Carlos Magalhães, Rogério Rodrigues, Fábio Pavão e Paulo Renato, que me ajudaram a confirmar informações importantes. Aos imperianos Rachel Valença e Luís Filipe de Lima, a quem consultei sobre a bateria da Serrinha, a joia da coroa. A Luiz Antonio Simas, a quem recorri para evitar equívoco em matéria de religião e que, em certos assuntos, é a última instância, assim como o STF. A Alan Diniz, por me "emprestar" sua visão clara, consistente e muito além dos clichês sobre o desfile da Beija-Flor de 1989. A Daniel Targueta, por me dar carona na pesquisa que fez sobre Viriato Ferreira para o belíssimo enredo da Acadêmicos da Rocinha em 2017.

A João Gustavo Melo, rápido, preciso e proativo nas respostas sobre o seu Salgueiro. A Ghislaine Cavalcanti, que me ajudou a entrar em contato com Zeneida Lima. A Leonardo Bruno, por conferir informações e me incentivar desde o início. A Ricardo Lourenço, que mais uma vez não me deixou errar ao falar do grande Arlindo Rodrigues. A Selminha Sorriso, que agrega todo o mundo do samba com o seu carisma e nos faz chegar seja a quem for. A Laíla e Cid Carvalho, por deixarem claro que "Agotime" — mais do que o inesquecível enredo da Beija-Flor de 2001 — foi uma questão de fé.

Ao amigo Felipe Ferreira, que me sugeriu termos precisos porque domina os conceitos. A Anderson Baltar, que compartilhou comigo seu conhecimento sobre a União da Ilha.

A Renato e Márcia Lage e Paulo Barros, pela paciência de tirar minhas dúvidas sempre que precisei.

À turma do site do Globo, que viabilizou a série que resultou no livro: Chico Amaral, Cláudia Meneses e Raphael Andreozzi. Aos professores Sávio Freire Bruno, da UFF, que tirou minha dúvida elementar a propósito do tatu na alegoria da Mocidade em 1983; e Lygia Pereira, da USP, a quem consultei para ser minimamente assertivo ao falar de popularização da informação científica a propósito do Carro do DNA da Unidos da Tijuca em 2004.

A Ricardo Valle, que me ajudou com a matemática, disciplina que nunca foi o meu forte. À minha prima Tânia, porque determinado gesto seu me confirmou que escrever um livro é se expor, mas também agregar valor à nossa história pessoal. À minha mãe, Zilda, a meus irmãos, Marcos e Moyses, e a meu padrasto Edison, que me levaram ao primeiro desfile quando eu não podia ir sozinho. E, ao final, mas não por isso menos importante, a meu filho Francisco, também dono de forte paixão popular, e a meu filho Antônio, apoio tecnológico e moral.

Além destes, Alice Fernandes, Cesar Nogueira, Cláudia Lamego, Fernando Miranda, Jorge Velloso, Julieta de Faria, Lia Rangel, Raphael Perucci, Simone Fernandes, Vicente Dattoli e Vinícius Natal.

Fosse eu puxador de samba, agradeceria a um por um em plena Sapucaí para o mundo inteiro ouvir.

Sumário

Prefácio, por Aloy Jupiara   15
Apresentação   17

1. Um sonho impossível (União da Ilha, 1977)   21
2. Viriato liga o nome à pessoa (Portela, 1979)   43
3. Quando o samba desequilibra (Império Serrano, 1983)   63
4. Na vanguarda ambiental e política (Mocidade Independente, 1983)   81
5. Sem medo de sujar a roupa (Beija-Flor, 1986)   99
6. Quer que eu desenhe? (Beija-Flor, 1989)   117
7. A eterna nostalgia (Portela, 1995)   141
8. O coração sentiu o que os olhos não viram (Mocidade Independente, 1999)   159
9. O medo pela sua grandeza (Beija-Flor, 2001)   175
10. De volta para o futuro (Unidos da Tijuca, 2004)   193

Prefácio

Aloy Jupiara

Este livro expressa a paixão pelas escolas de samba e, especialmente, por desfiles que ultrapassam quesitos, notas e taças da vitória no carnaval.

A festa impregna nossa memória de afetos. Quando algo mágico, único e extraordinário acontece na passarela, quando uma escola nos toma o corpo, nos faz girar a cabeça, perdida em delírio incontrolável, desejamos que aquele momento não acabe nunca. E vem na alma a certeza: "Já ganhou. É essa a campeã."

Só que nem sempre isso acontece.

Amparado na sua vivência, em ampla pesquisa e em detalhadas entrevistas, Marcelo retraça e revela histórias sobre grandes desfiles que mereciam ser, mas não foram, campeões do carnaval carioca, como "Ratos e urubus... larguem minha fantasia" (Beija-Flor, 1989), "Domingo" (União da Ilha, 1977), "Como era verde o meu Xingu" (Mocidade Independente de Padre Miguel, 1983), "O sonho da criação e a criação do sonho: a arte da ciência no tempo do impossível" (Unidos da Tijuca, 2004) e muitos outros. É um trabalho de história e reflexão, de revisão e atualização, conduzido com competência interpretativa e leveza na construção do texto.

Afinal, o que pode ter tirado o título de campeã dessas escolas?

Abertos os envelopes dos jurados... surpresa! Toda a folia, toda a paixão, toda a beleza, todo o encantamento que nos envolveram, o sonho real de um desfile inesquecível, não somou 10 + 10 + 10 + 10... E a razão (ou desrazão?) dos quesitos se impôs. Mas sonhos, sonhos são. Essas exibições de gala do samba vivem conosco, no calor de nossa alma, na adoração de nossos corações, no afeto de nossas memórias, mesmo sem a vitória no julgamento oficial.

É sobre essa presença de desfiles tão impactantes em nosso imaginário que esta obra se debruça brilhantemente. Ele nos lança um olhar retrospectivo e novo, passados anos e anos, um olhar que abre portas para tentarmos entender as derrotas e reavivar por que estávamos certos (e estávamos) da vitória. Principalmente, este primoroso livro de Marcelo nos leva a reafirmar o sentido essencial do desfile das escolas: o encantamento do público amante do samba. Encantamento que ultrapassa as notas dadas nos quesitos para ser a verdadeira medida de uma vitória.

Apresentação

Eu estava assistindo à entrega do Oscar em 1986 quando um quadro chamou minha atenção de um jeito que nunca mais esqueci: Irene Cara cantou "Here's to the losers" (Aos perdedores), enquanto na tela da TV apareciam produções consagradas que não levaram a estatueta de melhor filme: *ET*, *Guerra nas estrelas*, *O grande ditador*, *O mágico de Oz*, *Cidadão Kane* etc. Só filmaço!

Aos 20 anos, cursava o quarto período na Escola de Comunicação da Universidade Federal do Rio de Janeiro e ia muito ao cinema. Mas a paixão visceral era outra: a Marquês de Sapucaí, aonde chegava por volta das 14h para ficar na primeira fila da arquibancada. Virei jornalista, cobri carnaval, tornei-me jurado do Estandarte de Ouro de *O Globo* e escrevi dissertação de mestrado e livro sobre escola de samba. Meu ponto de vista mudou. Na verdade, em 1986, já não era mais o mesmo garoto que estreara na arquibancada desmontável da avenida Presidente Vargas aos 11 anos.

Não teria como dizer, com mínima autoridade, se os clássicos preteridos pelo Oscar foram injustiçados. Para isso, seria preciso assistir com cuidado a todos os indicados a melhor filme desde que o prêmio foi criado. Mas é indiscutível que o carnaval carioca tem históricos derrotados que merecem bem mais que uma canção em desagravo. São muitos os campeonatos que divergem da reação da arquibancada, das pesquisas de opinião, da avaliação de especialistas, das reportagens. E, sobretudo, da memória afetiva dos foliões, já que, com o passar dos anos, perdedores são mais lembrados do que certos vencedores oficiais.

O abismo entre a sensação do espectador e o total das notas do júri não se dá necessariamente por má-fé. Foco excessivo na técnica, preconceitos e supervalorização de pequenos erros irrelevantes diante do conjunto — mas bons pretextos para punir — também pesam nas escolhas dos jurados. Há ainda questões políticas — impublicáveis ou não — que costumam morrer nos bastidores e, excepcionalmente, ficaram explícitas em 2017 com a decisão da Liga Independente das Escolas de Samba (Liesa), mais de um mês depois do carnaval, de dividir o título entre Mocidade Independente de Padre Miguel e Portela, embora houvesse um critério de desempate.

Enquanto os vitoriosos são citação obrigatória em retrospectivas pela razão óbvia de que somaram mais pontos e venceram, este livro se pauta por critério que transcende a aritmética. Subjetivo, porque a seleção dos dez desfiles é, obviamente, a minha opinião; objetivo, porque a consulta a jornais antigos, vídeos, livros, encartes de vinis e CDs e as entrevistas confirmaram que muitos compartilham minha convicção de que o resultado deveria (ou poderia) ser outro. Pesquisei com cuidado porque, por mais grata que seja a lembrança, ela não pode ser a única referência. Busquei a segurança de que, de alguma forma, minhas ideias correspondem aos fatos.

O ponto de partida foi a série "Perdeu o título, ganhou a história", publicada no site do jornal *O Globo* em janeiro e fevereiro de 2016. Foram escolhidos carnavais a partir de 1977, ano da minha iniciação. Quis questionar o resultado oficial com base não apenas em pesquisa, mas também na experiência de quem assistiu a todos os desfiles descritos, da primeira à última escola.

O gosto é pessoal, mas também diverso. Por isso, duas exibições de gala foram escolhidas, nos capítulos 3 e 4, como merecedoras do campeonato em 1983: respectivamente, Império Serrano e Mocidade. A primeira se destacou pela potência do samba-enredo, da bateria e da evolução; a segunda, pelas alegorias exuberantes e o enredo eloquente e sintonizado com o espírito do tempo. A depender do que se acha mais importante, Serrinha ou Padre Miguel venceriam com o devido louvor a fraca apresentação da Beija-Flor.

A reação à injustiça anima quase todo o texto, mas não é a única motivação. Desqualificar o resultado oficial só por não coincidir com outros juízos é simplório, voluntarioso e maniqueísta. Em boa parte dos casos, houve critérios para justificá-lo. E fez sentido dentro de um determinado ponto de vista. Mais produtivo do que apontar o dedo e escolher culpados é questionar o modelo de julgamento que contraria quase unanimidades e faz muita gente se perguntar: "Por que perdeu?" Dependendo do ano, a resposta varia. Ela pode ser evidente, uma hipótese com mais ou menos indícios a sustentá-la ou uma questão mal resolvida para sempre — na posteridade que os desfiles conquistaram, assim como tantos perdedores do Oscar.

1
Um sonho impossível

UNIÃO DA ILHA, *"Domingo", 1977*

O desfile da União da Ilha do Governador em 1977 entrou para a história como um dos momentos mais românticos do carnaval carioca. Poucas vezes uma escola passou envolvida em tanto lirismo. Assim sugeriam os primeiros versos do samba-enredo "Domingo": "Vem, amor/ Vem à janela ver o sol nascer/ Na sutileza do amanhecer/ Um lindo dia se anuncia/ Veja o despertar da natureza/ Olha, amor, quanta beleza/ O domingo é de alegria". Feliz imagem da sensação da plateia, já que as primeiras alas entraram na avenida Presidente Vargas, no Centro do Rio, justamente no momento em que amanhecia na segunda-feira, 21 de fevereiro. As fantasias de palhaço, banhistas e jogadores de futebol eram simples como o cotidiano, mas, ao mesmo tempo, enchiam os olhos pelo colorido.

Virou lenda o carnaval emocionante — mas terceiro colocado, atrás da suntuosa Beija-Flor de Joãosinho[1] Trinta e

---

[1] O carnavalesco passou a assinar Joãosinho com "s" na fase final de sua carreira, o que respeitaremos ao mencioná-lo. Em caso de transcrição de texto anterior à mudança de grafia, manteremos o "z" original.

da Portela, a ganhadora do maior número de títulos. Diz a versão quixotesca que a agremiação insulana acreditou ser a mais valente na luta do rochedo com o mar e acabou derrotada pela realidade cruel. Mas tal narrativa só faz sentido parcialmente. Primeiro porque a escola estava competitiva; segundo, em meio ao romantismo havia racionalidade, esforço intelectual e suor para dar vida ao enredo da carnavalesca Maria Augusta.

Tampouco foi puro acaso. Os compositores Aurinho da Ilha, Ione do Nascimento, Adhemar de A. Vinhaes e Waldyr da Vala tiveram trabalho dobrado para que os versos falando do amanhecer daquele jeito fossem os primeiros. Aurinho, Ione e Adhemar começaram a fazer o samba sem Waldyr, que custou a se juntar aos parceiros. Enquanto isso, Waldyr, sozinho, escreveu do "Vem amor" ao "lindo dia se anuncia".

Waldyr finalmente apareceu e seus parceiros gostaram muito do seu convite para aproveitar o domingo de sol no Rio de Janeiro. Só que os versos não combinavam com o que Aurinho, Ione e Adhemar já tinham criado. A solução foi fazer outro samba, que casasse bem com o "Vem amor". A nova composição seria inscrita no concurso interno em nome de Waldyr; a outra, no dos três demais. Ficou combinado que, em caso de vitória de uma das duas, os quatro assinariam a obra.[2] Palavra de sambista.

---

[2] A história é contada pelo jornalista Anderson Baltar em *As primas sapecas do samba*, do qual é coautor, e por Maria Augusta em entrevista ao autor deste livro. A carnavalesca tem até hoje em seu acervo pessoal os "santinhos" com as letras das duas obras, que foram as finalistas. O samba derrotado na decisão também começava com referência ao nascer do sol, já que o enredo ia do amanhecer ao fim do dia, mas sem a mesma inspiração: "Brilha o sol no horizonte/ Os seus raios são a fonte/ Que dão vida à natureza".

Fazer nova música só para manter o encanto daqueles versos foi aposta certeira. Se muita gente no continente se arriscava a prever o desfile com o sol nascendo, na Ilha torcia-se muito por isso. No Caderno B do *Jornal do Brasil* de domingo, 20 de fevereiro de 1977, Moacyr Andrade escreveu que "é quase certo que haverá atraso. Assim, a União da Ilha do Governador provavelmente desfilará ao nascer do sol,[3] desabrochar para o qual faz um convite em seu samba".[4]

Também foi trabalhoso transformar galho de árvore em adereço de mão, pegar barco emprestado com a Marinha e alugar motor de carrossel de mafuá para dar movimento à alegoria. O esforço físico fez transpirar da mesma forma que o estudo das cores para Maria Augusta chegar aos melhores tons e combinações, criando um colorido insinuante, mas nada confuso. Falar em desfile espontâneo seria até ofensa a gente empenhada em construir a ilusão.

A prova de que a Ilha foi competitiva está nos números. A escola precisaria apenas de mais um ponto para vencer.[5] Se somasse 86, teria sido a campeã porque empataria com a escola de Joãosinho Trinta e lhe tomaria o título. As duas ganharam 9 em bateria, o primeiro quesito para desempate; mas no segundo, samba-enredo, a tricolor insulana foi a

---

[3] A escola foi a oitava a desfilar.

[4] Nos dois anos anteriores, sambas de sucesso fizeram referência ao horário do desfile. Em 1976, "Menininha do Gantois", da Mocidade, começava assim: "Já raiou o dia/ A passarela vai se transformar". E em 1975 o Salgueiro foi bicampeão com "O segredo das minas do Rei Salomão", cantando "E o sol nascendo/ Vem clarear/ O tesouro encantado/ Que o rei mandou buscar". Como era de se esperar, ambas entraram na passarela de manhã, dando a deixa para os compositores.

[5] Em 1977, não havia nota fracionada. A diferença de um ponto naquela época corresponde a um décimo hoje.

única a levar 10 e conquistou o Estandarte de Ouro, prêmio do jornal *O Globo* aos melhores do carnaval. Campeã, a agremiação insulana seguiria o exemplo da coirmã de Nilópolis, que no ano anterior quebrara a hegemonia de quatro décadas de Portela, Mangueira, Salgueiro e Império Serrano, fazendo disso um marco.

Não só a melodia encantou os jurados do Estandarte de Ouro, mas todo o desfile, já que a Ilha levantou o troféu de melhor escola, e Maria Augusta venceu na categoria personalidade feminina. Com toda a justiça, já que foi brilhante a mente daquela mulher de estatura imponente, olhar às vezes severo e opiniões firmes, que todo o mundo do samba conhece — e respeita. Ela encarou escolas poderosas armada com criatividade, já que a União tinha subido para o Grupo 1 (correspondente ao Especial hoje) dois anos antes e vivia na maior pindaíba.

E boas ideias não custavam nada, ou quase nada. Galhos de árvore retirados da orla da Ilha do Governador viraram ornamento na ala das banhistas. Lembravam as palmeiras nas praias. Uma turma da escola arrancou-os poucas horas antes do desfile, para evitar que murchassem e comprometessem o visual. Soa ecologicamente incorreto hoje, mas naquela época a questão ambiental era secundária. Se foi pecado, valeu a pena porque as garotas insulanas a caminho do mar ficaram cheias de graça, com chapéu, biquíni e canga.

O país vivia sob o jugo dos militares, mas um deles, da diretoria da escola, usou seus poderes para o bem da União. Conseguiu emprestado com a Marinha embarcações que a carnavalesca decorou para virarem os "veleiros que passeiam pelo mar" cantados na avenida. Duas vezes, porque a primeira ornamentação caiu e teve que ser recolocada.

Da Aeronáutica veio a base do carro onde foi instalado o motor do carrossel do parque de diversões. A escola aproveitou chassis de veículos usados na pista do vizinho Aeroporto Internacional do Rio de Janeiro. Uma solução caseira, assim como os barcos vindos de uma unidade militar, perto da Ilha.

A carnavalesca não era uma quixotesca simplória. Sua criação teve critério apurado desde os tempos de estudante da Escola de Belas Artes da UFRJ, onde foi aluna de Fernando Pamplona, que a levou para o Salgueiro. Sem dinheiro para usar os espelhos da Beija-Flor ou os lamês da Portela, ela investiu em alegorias e figurinos coloridos. A ideia era causar impacto visual não só com o vermelho, o azul e o branco da União, mas também com o amarelo, o verde, o laranja etc.

A mistura causou um efeito que ela chama de "o luxo da cor", capaz de excitar o olhar da mesma forma que o brilho. Só que com custo menor e o cuidado para que o conjunto não parecesse um borrão, como os primeiros desenhos de uma criança com lápis de cera. Fugir das cores da bandeira exigia alguma coragem naquela época. Assim como propor um tema tão cotidiano, quando as escolas escolhiam fatos históricos por acreditar que eles davam grandeza ao desfile. Tanto que houve quem estranhasse o enredo sobre um dia da semana.

O colorido casou Maria Augusta com a União. "A cavalhada", no segundo grupo, em 1972, foi seu primeiro enredo para a escola, aonde chegou a convite de Aurinho da Ilha, que também era compositor do Salgueiro. Na vermelho e branco da Tijuca, ela teria poucas chances de fugir das cores oficiais pois não era a única carnavalesca, mas parte de um grupo liderado por Pamplona. Provavelmente, encontraria resistência.

Na Ilha, uma escola tricolor, seria mais fácil pôr em prática seus estudos sobre variação cromática. O enredo ajudou, já que na cavalhada os mouros costumam se vestir de vermelho; os cristãos, de azul — ambos presentes na bandeira insulana, assim como o branco. Mas três cores eram muito pouco para quem cresceu no Norte Fluminense, vendo caboclinhos, ranchos, mascarados, corsos e blocos que usavam todos os tons possíveis. Um colorido exuberante que formou a artista: "Esse universo de carnaval popular é a minha base estética. Não fui educada com plumas e paetês", diz ela.

A carnavalesca deixou a Ilha. Voltou em 1976 ("Poema de máscaras em sonhos"), quando a União ganhou seus primeiros Estandartes de Ouro: melhor ala, a dos Universitários, e mestre-sala, Robertinho. Conquistou assim mais confiança da diretoria e se sentiu segura para, finalmente, usar quantas cores quisesse em 1977. Não só por estilo pessoal, mas também pelo enredo, já que o sol, a praia, o circo (foto 2 do encarte), o parque de diversões e os times de futebol não teriam a menor graça se só pudessem ser tingidos de vermelho, azul e branco. Era a chance de Maria Augusta mostrar a sua cara. "Acho que foi em 'Domingo' que meu estilo aflorou", conta. Ela e a escola eram duas desconhecidas do grande público em busca de afirmação.

A mãe de "Domingo" sempre foi mulher forte. Mas o mapa da apuração sugere que muita gente embalou a criança, porque a Ilha foi competitiva mesmo em quesitos pelos quais Maria Augusta não era a responsável.

Além de ter sido a única a tirar 10 em samba-enredo, a tricolor levou 9 em bateria, quesito em que apenas duas (Portela e Unidos de São Carlos, atual Estácio de Sá) ficaram com a nota máxima e a mínima foi 6 (Unidos do Cabuçu). Em harmonia, ganhou 10, assim como a Mangueira, a Portela, o Salgueiro e o Império Serrano.

Dos três quesitos que julgaram o trabalho de Maria Augusta, em dois a União enfrentou as grandes de igual para igual. Conseguiu a mesma nota, 9, em alegorias e adereços que a poderosa Beija-Flor, enquanto nenhuma escola tirou 8 e apenas o Salgueiro gabaritou. Em enredo, pairou acima e levou uma das duas notas máximas, ao lado da campeã.

Em fantasias, no entanto, ficou com 7, mesma nota do Império da Tijuca, o décimo primeiro colocado. Não se tem notícia das justificativas para pontuação tão baixa, mas uma possibilidade é a simplicidade dos figurinos ter incomodado os jurados, ainda mais porque a Ilha veio em seguida à Portela, mais luxuosa, não só por conta do seu perfil como também pelo enredo falando da corte de Dom João VI. Mas cobrar luxo da União seria incoerência porque ninguém vai à praia, ao Maracanã ou solta pipa de manto de veludo, cetro e coroa.

Em mestre-sala e porta-bandeira, não só a Ilha, como todas as 11 adversárias da Portela, a única a levar a nota máxima, foram prejudicadas pelo efeito Vilma Nascimento. A lendária porta-bandeira da azul e branco voltava ao posto naquele ano, com seu par Benício, e era aguardada com grande expectativa. No dia 3 de fevereiro de 1977, *O Globo* dedicou uma página inteira a seu retorno. Na reportagem, assinada por José Carlos Rego, ela dava até sua receita de bailar em dez itens.

Como a Portela veio antes da União, Nanci e Robertinho, que conduziram o pavilhão tricolor, foram avaliados por jurados que tinham acabado de ver Vilma e Benício. O termo de comparação era ingrato, não só pela dança como pela fantasia. O primeiro casal da Portela teve o figurino assinado pelo ateliê Evandro de Castro Lima, campeão dos concursos de fantasia oficial da cidade na categoria luxo masculino. Na Ilha, a roda da saia da porta-bandeira mal se afastava das pernas.

Pela programação oficial, a União desfilaria por volta das 3h40, mas houve um atraso de uma hora e cinquenta minutos. A arquibancada aceitou com o maior prazer o convite para ver o dia nascer feliz. Cantou junto e logo começou a gritar "já ganhou". Era impossível ficar indiferente porque, até então, nenhuma escola tinha dado tanta intimidade ao público. Enquanto o refrão da Ilha dizia que no fim de semana "há os que vão pra mata/ Pra cachoeira ou pro mar/ Mas eu que sou do samba/ Vou pro terreiro sambar", as escolas que haviam passado antes tocaram em assuntos distantes do cotidiano do folião.

Exemplos disso foram a Portela, que antecedeu à União, e a Mangueira, a quinta a desfilar. Uma hora antes de sambistas insulanos saírem à vontade, a azul e branco se vestira de gala[6] porque seu enredo, "Festa da Aclamação", lembrava a festa em que Dom João VI foi aclamado soberano no Brasil

---

[6] Dizia assim uma nota da coluna Zózimo no *Jornal do Brasil* de 25 de novembro de 1976: "Pela primeira vez na história do carnaval, uma escola de samba vai desfilar na Avenida sem pernas de fora. Trata-se da Portela, cujas fantasias — inspiradas no tema Festa da Aclamação — ocultarão integralmente a anatomia de suas sambistas, para infelicidade e frustração dos milhares de foliões de arquibancada."

em 1818. O samba beirava a solenidade, com trechos assim: "Ao som de clarins, a corte se apresentou/ Em vários dias de festa/ A cidade se veste com seu traje mais novo" e "Tribuna real/ Camarote e nobreza".

Já a verde e rosa veio com "Panapanã, o segredo do amor", uma lenda indígena. O samba era pesado, tinha a palavra "plangência" e um verso que parecia título de tese de doutorado: "O mito em sua máxima expressão". Nada contra o estilo de Mangueira e Portela. Ambas já eram senhoras em 1977 e não iriam sair por aí em trajes de banho porque respeito é bom, e elas gostam. Mas, depois de tanta prosopopeia, imagina a reação da plateia ao ver na Ilha palhaços, crianças em parques de diversão e surfistas suburbanos (foto 3 do encarte). A empatia foi imediata. A intimidade até passou dos limites porque o refrão "No Rio/ Colorido pelo sol/ As morenas na praia/ Que gingam no samba e no meu futebol" ganhou uma paródia impublicável.

Samba popular é assim mesmo.[7] Foge do comando. Tanto que o puxador Aroldo Melodia e os componentes da União começaram a evoluir e cantar na concentração antes que algum diretor mandasse dar a partida, como é costume. Os ritmistas entraram em ação depois. Por experiências assim é que Maria Augusta acha que enredo, fantasias, alegorias, samba-enredo, bateria e demais elementos se integram na

---

[7] "Festa para um rei negro", do Salgueiro, em 1971, mais conhecido como "Pega no ganzê", também teve os versos alterados para uma versão proibida. Em vez de "Que beleza/ A nobreza que visita o gongá", cantava-se "Que beleza/ A maconha que vem lá do Ceará", para desespero do compositor Zuzuca, que chegou a distribuir panfletos nas ruas com a letra certa por medo de ser punido pelo regime militar.

hora H para formar um novo ser. E ninguém sabe ao certo que bicho vai dar. Imprevisível também no mau sentido, já que o último carro, uma casa noturna, quebrou ao fazer uma manobra.

O noticiário do desfile indicava que tanto a escola de Joãosinho Trinta quanto a de Maria Augusta poderiam ganhar. Na capa de *O Globo* de 23 de fevereiro de 1977, a chamada dizia "Beija-Flor e Ilha, favoritas deste carnaval". O texto afirmava que, no geral, o público reagira com frieza ao desfile. "Mesmo assim, foi possível selecionar alguns grandes momentos. O primeiro deles ocorreu às 5h30, quando a União da Ilha do Governador entrou na avenida Presidente Vargas e fez o público gritar pela primeira vez o tradicional 'já ganhou'. Na preferência do público, entretanto, a Ilha é a segunda escola: a maioria acha que a Beija-Flor, que desfilou também na manhã de segunda-feira, tem condições de obter o bicampeonato."

Na página 16 do jornal *O Dia* de 24 de fevereiro, a diagramação também destacava Ilha e Beija-Flor, com uma foto de cada escola no alto, do mesmo tamanho. Sobre a insulana, dizia-se que "o resultado da União de todos os divertimentos do carioca, aos domingos, foi excelente". Curiosamente, a manchete na primeira página era policial. O desfile foi tema de duas chamadas na capa que, no entanto, nada tinham a ver com o desempenho das agremiações: "Escolas processam a Riotur" e "Apresentou-se sob protesto a Beija-Flor".

A chamada para o Estandarte de Ouro informava que a Ilha tinha ganho o maior número de troféus, três: melhor escola, melhor samba-enredo e personalidade feminina, ficando a Beija-Flor com as categorias melhor ala (baianas) e comunicação com o público.

32

Ao premiar a União da Ilha, o júri de *O Globo* quis marcar posição. Joãosinho Trinta chegou a 1977 com três vitórias consecutivas em escolas diferentes, acentuando assim a importância do papel do carnavalesco, em detrimento de compositores, ritmistas, passistas e outros componentes. Seu bicampeonato em 1974-75 no Salgueiro até poderia ser atribuído à força da própria escola, que sem ele à frente já conquistara cinco títulos: 1960, 1963, 1965, 1969 e 1971. A vitória inédita da Beija-Flor em 1976, no entanto, foi surpreendente, um "milagre" impensável anos atrás, e o santo se chamava João Clemente Jorge Trinta.

Criado em 1972 para valorizar o sambista, o Estandarte de Ouro sempre foi defensor dos "fundamentos", isto é, a música, a dança e o ritmo, vistos como elementos presentes desde o início. Guiava, e ainda guia, as escolhas do júri a ideia de que o samba-enredo, a evolução e a bateria são itens originais, enquanto a grandiosidade das fantasias e alegorias vem depois em tempo e importância. "Ficou bem claro o entusiasmo dos debatedores pela Escola de Samba União da Ilha, em razão das soluções encontradas para que fosse feita uma bela apresentação apesar das dificuldades financeiras", dizia o texto de apresentação do prêmio.

Se a turma tradicional se encantou com a Ilha, um poeta jamais seria indiferente à ideia de vencer com lirismo o poder econômico. Um dos jurados[8] de samba-enredo em 1977, o hoje membro da Academia Brasileira de Letras Geraldo Carneiro se entusiasma ao se lembrar daquele carnaval: "O samba 'Domingo' é tão deslumbrante que eu estava pensando nele

---

[8] Cada quesito tinha dois julgadores, que davam notas até cinco.

ontem", escreveu o poeta no dia 2 de junho de 2017, ao ser entrevistado pelo autor deste livro. "Foi um desfile inesquecível. A União da Ilha parecia um bloco gigante, arrebatando a avenida, fazendo um retrato do Rio que raros outros sambas foram capazes de fazer. Se não me falha a memória (e ela falha muito), as grandes escolas estavam intoxicadas por sua própria opulência [...] Chegamos a fazer campanha entre os jurados — Bráulio Pedroso, Egberto Gismonti e eu — para que a Ilha fosse a campeã do desfile. Como em quase todas nossas campanhas políticas, fracassamos. Na minha opinião, 'Domingo' foi o melhor do ano, não só por suas qualidades musicais (o prólogo em tom menor, surpreendente num tema tão solar), como por sua capacidade de evocar, na letra, fragmentos da vida no Rio de Janeiro. Um dos sambas mais alegres e, paradoxalmente, líricos que já escutei. Uma obra-prima."

A única nota 10 do quesito registrou a exceção à regra. No geral, o desfile de 1977 foi frio justamente pela má qualidade dos sambas-enredo, o que prejudicou escolas populares como a Mangueira e a Portela. A melodia em tom menor, mas empolgante, da União era unanimidade até para baluartes de adversárias, como Jamelão: "Só se salva o da Ilha", disse o puxador da Estação Primeira na reportagem de Moacyr Andrade no Caderno B do *Jornal do Brasil*, domingo de carnaval, sobre a trilha sonora da festa. Uma glória para os compositores insulanos, porque o cantor da verde e rosa não era de passar a mão pela cabeça de ninguém. Tanto que o jornalista abriu a matéria com a frase dele e em seguida fez a ressalva: "O autor desse nivelamento por baixo é Jamelão, autoridade incontestável em samba-enredo.

Incontestável, mas excessivamente rigorosa e talvez alheia a algumas nuances que às vezes surpreendem até os especialistas mais acurados."

Ao analisar as músicas uma a uma, Andrade deixa claro que "Domingo" é bem mais do que uma obra que escapou do purgatório: "É de longe, do ponto de vista de desenho melódico, o samba mais bonito. [...] A melodia é rica de mudanças e variações. Mais do que nunca, é linda no trecho que marca a passagem do dia para a noite, quando, depois de um auge — tudo o que se pôde fazer durante o dia — entra branda e suave nos versos que contam o início da noite. 'Vai o sol e a lua traz no manto/ Novas cores, mais encanto/ A noite é maravilhosa'."

Mas enquanto para os idealistas a Ilha foi tudo o que sempre sonharam, no *Jornal do Brasil* a cobertura do desfile publicada na Quarta-Feira de Cinzas parecia mais próxima da vida como ela é. "O que ameaça o bi da Beija-Flor?", dizia o subtítulo abaixo de "As grandes escolas" na página 6 do Caderno B. Em seguida: "Um refrão gritado por milhares de vozes — 'É o bi' — acompanhou a passagem da Beija-Flor do início ao fim da pista já em plena manhã de segunda-feira. A repetição da vitória do ano passado é porém apenas uma probabilidade." Foram apontadas como também candidatas ao título, por ordem, a Portela, a Mangueira, a Unidos de Vila Isabel, o Salgueiro e só então a Ilha.

No entanto, em outros textos do *JB*, a União também representou esperança de um novo tempo após uma noite previsível. A crônica sobre a Portela, assinada por Maria Helena Dutra, registra um desfile frio e antiquado: "apresentou-se sem nenhum calor e alegria [...] Houve momentos, inclusive, em que a escola mais parecia um rancho arrastando-se melancolicamente pela Avenida."

No caso da Estação Primeira, a mangueirense encardida Lena Frias começa o texto destacando que a avaliação de escola tão apegada às raízes depende muito do ponto de vista. E, mesmo nas frases em que se derrama pela verde e rosa, deixa claro que há sempre um porém: "O samba de Tantinho de Jajá é pobre, mas a escola, apesar disso, cantou 'Panapanã, o segredo do amor' com o maior entusiasmo. [...] Foi a formosa combinação verde e rosa, desespero dos estetas, glória dos sambistas."

Já a Ilha dificilmente afrontaria os estetas porque seu colorido foi planejado para encantar, e não consolidar sua tradição — preocupação secundária numa escola em fase de afirmação. Tampouco lembraria um rancho arrastado porque o samba aconteceu. A tricolor era a renovação e, assim, se irmanava à recém-campeã Beija-Flor, apesar da disparidade de recursos financeiros entre as duas.

Não era só a luta do mais fraco contra o mais forte, mas também do novo contra o velho, batalhas semelhantes, porque tradição também é poder. E a jornalista Danusia Barbara entendeu o espírito da coisa ao escrever sobre a Ilha no *JB*: "uma escola pequena (1.800 figurantes), pobre (maioria das alegorias feitas de sucatas de fábricas), sem muita fama, que levantou a Avenida até então semiapática. Arquibancada, sambistas cantaram e dançaram o 'Domingo', consagrado ao final pelo 'já ganhou' do público. Deixando de lado mitos indígenas ou acontecimentos históricos, a União veio com um enredo mais próximo da realidade urbana atual: o domingo do carioca."

Houve forte contraste entre o estilo contemporâneo da escola insulana e o convencional das antecessoras. A Unidos do Cabuçu foi a primeira a entrar, com os "Sete Povos das Missões", e cantou um trago de amargura no fim do samba-enredo, de Waldir Prateado: "Indígenas e jesuítas deram combate aos cruéis bandeirantes/ Sangue dos dois lados/ Corria a todo instante/ Pouco a pouco/ As Missões começaram a cair/ Estava desfeito um sonho de uma nação guarani".

Em seguida, a Império da Tijuca homenageou Mestre Vitalino, morto havia 14 anos. A Mocidade saudou as origens do samba e a Unidos de Vila Isabel mergulhou fundo na nostalgia com o enredo "Ai que saudade que eu tenho", lembrando a "boemia de ontem/ Que nem o tempo apagou". A Mangueira veio com a lenda indígena, e a Imperatriz contou a saga dos colonizadores descobrindo as riquezas da América em "Viagem fantástica às terras da Ibirapitanga". E a "Festa da Aclamação" da Portela antecedeu a Ilha.

O sol nascendo, portanto, anunciou novo dia e novo estilo. Se até então as escolas haviam confiado no prestígio do fato histórico e da tradição, a União envolveu o público com o que o cotidiano tem de mais atraente. Seu enredo falava de algo próximo do espectador, mas sem contrariar a expectativa de que carnaval é tempo de exceção, e não de regra. O domingo é singular por ser consagrado exclusivamente ao lazer, enquanto de segunda a sexta se trabalha, e o sábado tem folga, mas também algo de dia útil, já que comércio e serviços funcionam.

O domingo era mais domingo em 1977. Loja aberta era menos comum, quase heresia no dia sagrado. Hoje os shoppings ficam cheios. Maria Augusta não poderia imaginar a cena na sua infância, quando torcia para chegar o fim de semana porque aí sairia do colégio interno e ficaria com a família: "De início, fui criada num engenho de açúcar e tinha uma vida muito livre, tomando banho de rio e montando cavalo sem sela. Depois passei a uma rotina muito regrada no colégio interno. Se o domingo era um dia de exceção para todo mundo, para as internas, o contraste com os outros dias da semana era maior ainda. Mas não agi de caso pensado. Fiz essa reflexão depois", conta a carnavalesca.

E como ninguém torce por domingo chuvoso, deu praia na Ilha. O abre-alas foi o sol (foto 1 do encarte). Uma das alas mais fotografadas trazia pranchas de isopor como alegorias de mão. Elas estavam enfeitadas com tiras de pano.

Da mesma forma, mais de uma ala veio com multicoloridas saídas de praia. E os uniformes de futebol tinham aplicações de brilho. Era fundamental enfeitar as roupas do cotidiano para que elas ganhassem aspecto carnavalesco. Caso contrário, nem poderiam ser chamadas de fantasias, sem as quais a festa não faz sentido.[9]

O domingo foi quase todo à luz do dia, pois cariocas não gostam de dias nublados. Só no fim chegou a lua, que "traz no manto/ Novas cores, mais encanto" — descrição poética dos compositores para o fenômeno que faz à luz, ao variar de intensidade, mudar a aparência do que enxergamos.

---

[9] Elementos do dia a dia costumam estar presentes nos enredos, mas são considerados "corpos estranhos" quando não ornamentados. Foi assim quando o Império Serrano levou caminhões de verdade num enredo sobre caminhoneiros em 1991 e quando a Tradição pôs alas vestidas com uniformes de futebol sem qualquer enfeite na homenagem a Ronaldo Fenômeno em 2003. Em casos assim, diz-se que o tema não foi devidamente carnavalizado.

Os autores descreveram o que o público via, só que em sentido inverso, já que as "novas cores" se revelavam não por causa do anoitecer, e sim à medida que o sol ia batendo com mais força na avenida Presidente Vargas. Três horas depois da Ilha, a arquibancada voltaria a se entusiasmar, com a Beija--Flor, a penúltima da maratona de 12 escolas, que terminou perto do meio-dia. O sol estava forte, e a agremiação de Nilópolis tirou partido disso com espelhos e material prateado e dourado para ilustrar o enredo "Vovó e o rei da Saturnália na corte egipciana". O destaque Jésus Henrique veio de "Aton, o sol do Egito", fantasia que ganhou o primeiro lugar no concurso oficial de fantasias da cidade, na categoria luxo masculino. Foi uma das imagens mais fotografadas daquele desfile com a grandiosidade do astro-rei.

Mas ninguém esqueceu que horas antes se acreditara que a criatividade venceria o poder econômico. O amanhecer sempre traz alguma esperança.

E SE FOSSE CAMPEÃ?

Como seria o carnaval hoje se a União da Ilha tivesse ganho em 1977? Cabe a pergunta porque as adversárias seguem o exemplo da vencedora. A resposta será sempre indeterminada como em qualquer hipótese. Mas as notas dos jurados dão uma boa dica das conclusões a que os sambistas teriam chegado em caso de vitória insulana.

A única nota máxima em samba-enredo, levando 5 dos dois jurados, não seria ignorada. Só a Vila Isabel somou nove pontos no quesito, enquanto apenas Salgueiro e Império Serrano ganharam oito. Tamanha superioridade provavelmente levaria as escolas a valorizarem mais a melodia do que o luxo. Da mesma forma, a tricolor cravou 10 em enredo, o que talvez fizesse carnavalescos apostarem também em temas mais simples. O cotidiano disputaria espaço com o épico.

O jornalista Anderson Baltar acredita que a festa tomaria rumos diferentes. Ele acha que seria possível ver até hoje um embate qualificado entre duas propostas de desfile. Infelizmente, na cabeça dos jurados, diz, cristalizou-se um modelo competitivo e outro, seguido pela Ilha, apenas para "brincar".

A vitória da União impediria o tricampeonato da Beija-Flor em 1978, e a escola de Nilópolis não seria um paradigma tão hegemônico. Diante de cinco títulos consecutivos de Joãosinho Trinta, agremiações tradicionais ficaram inseguras e passaram a copiar seu estilo. Para 1979, a Portela contratou como carnavalesco Viriato Ferreira, que era figurinista da azul e branco de Nilópolis. E a Mangueira anunciava, em reportagem do Segundo Caderno de *O Globo* de 7 de fevereiro de 1979, que viria com "visual mexido", "samba pauleiro" e "baianas psicodélicas".

"Domingo" moldou a identidade da União da Ilha, definida pelo lema "bom, bonito e barato". Bom e bonito o estilo da Beija-Flor também era. Só que mais caro. Foi preciso aumentar o gasto. Tanto que, quarenta anos depois, a Liga Independente das Escolas de Samba do Rio de Janeiro (Liesa) ameaçou suspender o desfile de 2018 se a prefeitura reduzisse à metade a subvenção de R$ 2 milhões, embora tenha outras receitas. Alegou que uma escola hoje gasta mais de R$ 8 milhões, mas não divulga suas contas.

No entanto, em 27 de dezembro de 1976, reportagem do *Jornal do Brasil* dizia que a Mangueira investiria em 1977 o equivalente a R$ 2,5 milhões, e o Salgueiro, R$ 1,7 milhão. Isso em valores corrigidos para julho de 2017 pelo IGP-DI (Índice Geral de Preços — Disponibilidade Interna), medido pela Fundação Getulio Vargas. Eram outros tempos. Para o júri da Liesa, talvez não haja beleza sem orçamento milionário. "Domingo" é um sonho impossível até hoje.

2
Viriato liga o nome à pessoa

PORTELA, *"Incrível, fantástico, extraordinário"*, 1979

Em 1979, bancas de jornal eram redes sociais a seu modo. Se hoje o Facebook expõe os humores no país e no mundo em tempo real, naquela época boa referência para perceber o espírito do tempo eram as manchetes da mídia impressa exibidas a quem andava na calçada. No dia 28 de fevereiro, Quarta-Feira de Cinzas, elas iam na mesma direção no Rio de Janeiro: a Portela seria a campeã. Ninguém tinha dúvida, porque raras vezes se viu tamanha unanimidade. O *Jornal do Brasil* dizia na capa "Portela é a favorita do público"; *O Globo*, "Portela é favorita, à frente da Ilha e Mocidade". *O Fluminense* afirmava que "É Portela no Rio". E a *Tribuna da Imprensa* pôs na primeira página: "Portela deve ser a campeã".

A *Última Hora* induzia o leitor portelense a comprar logo gelo, cerveja e carne para o churrasco da vitória. Estampou na capa "Portela campeã" em letras garrafais e registrou na chamada que os gritos de "já ganhou" começaram no meio do desfile. Informou ainda que a azul e branco foi a preferida do público na Sapucaí em enquete do Instituto Brasileiro de

Análise Técnica e Estatística (Ibate) e teve a unanimidade do júri do jornal.[1]

Na manhã de quarta-feira, já havia 48 horas que a águia se exibira, com o enredo "Incrível, fantástico, extraordinário", sobre o próprio carnaval. Os jornais não circularam segunda nem terça, mas o consenso já tinha se formado porque outras mídias emitiram opinião semelhante ao fim do desfile. O júri da TV Globo deu nota máxima em todos os quesitos, com exceção de comissão de frente, somando 89 pontos, cinco a mais que a Mocidade, a segunda colocada. No rádio, não se falava em outra coisa; e quem parou para ver as manchetes na banca seguiu seu caminho certo de que não haveria outra possibilidade.

Mas houve. A escola de Madureira ficou em terceiro lugar, com 160 pontos, enquanto a vice Beija-Flor somou 161; e a campeã, a Mocidade, 163. Um escândalo, o resultado. Inexplicável o 7 em evolução, e as notas da jurada Marlene Belardi para mestre-sala e porta-bandeira foram uma heresia. Ela deu 10 para seis das oito escolas do Grupo 1-A e 9 apenas para Mangueira e Portela. Só que quem empunhou a bandeira azul e branca naquele ano foi a lendária Vilma (foto 6 do encarte), que representa para a dança na avenida o que Pelé foi para o futebol.

Tirar ponto de um mito como ela foi ferimento grave no orgulho portelense. Ainda mais em 1979, quando o cisne da

---

[1] Na página interna com a análise dos sete jurados da *Última Hora* está escrito, no entanto, que um deles, Odil Telles, preferiu a Mocidade: "foi a mais certinha. Fico com ela para o primeiro lugar." Os demais elegeram a Portela. Além de Telles, o júri foi composto por Solânio Barbosa, Jorge Elias, Carlos Felippe, Agostinho Seixas, Paulo Galante e Eucimar Oliveira.

passarela não só ganhou de *O Globo* o terceiro Estandarte de Ouro seguido como conseguiu brilhar ainda mais que em anos anteriores, segundo o *Jornal do Brasil*: "Mais magra e com uma fantasia mais leve, este ano se superou e não teve para mais ninguém."

O desempenho em alegorias e adereços também foi fatal para as pretensões da águia, que somou 8 pontos e só superou três escolas nesse quesito, em que dois jurados (Sátiro Marques e Emilio Castelar) deram notas até 5: Unidos de São Carlos, Imperatriz e Mangueira. Não se conhecem as justificativas, mas uma possibilidade é o fato de o carnavalesco Viriato Ferreira ser figurinista, e não cenógrafo. Tanto que em fantasias foram duas notas máximas, igualando-se à Beija-Flor e à Mocidade.

Os carros eram menores do que os de suas principais adversárias. Isso pode ter pesado,[2] mas havia no projeto visual portelense um conceito que talvez os jurados não tenham percebido. Se as alegorias não podem ser gigantescas para não ofuscar todo o resto e devem se integrar ao conjunto, a azul e branco cumpriu o combinado.

O desfile irrepreensível levantou seis Estandartes de Ouro: melhor escola, porta-bandeira, passista feminino, passista masculino, ala e samba-enredo — quesito em que foi a única a ganhar duas notas 10 no júri oficial. Até então, nunca uma escola conquistara tantos prêmios no mesmo ano. Na capa do Caderno B do *Jornal do Brasil* da Quarta-Feira de Cinzas estava escrito que "a Portela, no entendimento da plateia que

---

[2] Como qualquer hipótese, esta é questionável, porque no ano seguinte Viriato Ferreira, novamente na Portela, gabaritou em alegorias e adereços com carros pequenos.

lotava as arquibancadas e da grande maioria dos especialistas que se pronunciaram sobre o desfile, parte tranquila para um título — o de campeã absoluta do carnaval da cidade, que não conquista desde 1970". A *Tribuna da Imprensa* exaltou o "desfile impecável, que contagiou os quase 100 mil espectadores que compareceram à rua Marquês de Sapucaí".

O elogio mais entusiasmado veio do jornalista portelense Sérgio Cabral: "Foi o desfile mais emocionante que vi da Portela desde o carnaval de 1959, quando ganhou o tricampeonato com 'Rio, capital eterna', cantando aquele samba do Walter Rosa.[3] Nem mesmo nos outros desfiles nos quais venceu, de 62, 64, 66 e 70, a Portela esteve tão maravilhosa."

Afirmações assim foram até maldade com os torcedores, que ficaram igual a criança vendo doce ao sentir o cheiro da vitória. Sem tantos elogios, a derrota doeria menos. A campeã oficial até estava bonita. Mas fria, convencional e ingênua. O enredo "Descobrimento do Brasil", de Arlindo Rodrigues, narrava a chegada de Cabral como fruto do acaso, conforme o seguinte trecho do samba: "Partiu de Portugal com destino às Índias/ Cabral comandando as caravelas/ Ia fazer a transação, com o cravo e a canela/ E de repente o mar/ Transformou-se em calmaria/ Mas deus Netuno apareceu/ Dando aquele toque de magia/ E uma nova terra Cabral descobria". Historiadores contestam tal versão e dizem que a esquadra já saiu de Lisboa com a pretensão de chegar aqui.

O samba de Padre Miguel, dos compositores Toco e Djalma Cril, não empolgou. Se houve excitação, foi visual, porque as alegorias e fantasias enchiam os olhos. Aplausos empolgados

---

[3] Na verdade, a escola foi tetracampeã com o samba de Walter Rosa em 1960.

mesmo, só para as paradinhas da bateria de Mestre André. No conjunto, porém, a Portela foi muito mais completa.

E não serve de consolo saber que poderia ter sido vice. As notas do jurado de enredo Claudio Bojunga foram anuladas porque ele não assinou o mapa de julgamento nem as escreveu por extenso. Se elas fossem consideradas, a Mocidade manteria o título, mas a Portela seria a segunda, enquanto a Beija-Flor cairia para o terceiro lugar, diz o *Jornal do Brasil* de 2 de março de 1979. Curiosamente, no entanto, o texto não menciona as notas.

A *Tribuna da Imprensa* tampouco esclarece a questão porque o texto da matéria "Favorita Portela ficou em terceiro" é impreciso e traz erros de informação, confundindo o quesito enredo com samba-enredo e chamando os jurados de "judeus": "Um dos quesitos, samba-enredo,[4] anulado por falta de assinatura de um dos judeus, deixou a escola de samba Portela em terceiro lugar quando da apuração ontem no 4º Batalhão da Polícia Militar. O carnavalesco da escola, Viriato Ferreira, disse que irá apurar quem anulou aquele quesito que tirou o segundo lugar da escola de Madureira." Ele ressaltou na reportagem que "o envelope lacrado não fora aberto e dirigentes da escola Beija-Flor sabiam que o voto estava sem assinatura". E, por fim, Viriato declarou que "se todas as notas dos juízes fossem divulgadas, a Portela estaria no segundo lugar, já que perdemos por um ponto".

A matéria da *Tribuna* é referência a ser considerada com cautela, por suas imprecisões, e muito senso crítico, pelo abominável preconceito que pode conter. Primeiro, porque

---

[4] Na verdade, enredo.

quesito algum foi anulado. As notas de um jurado de enredo — e não de samba-enredo, como diz o texto — é que foram descartadas. Como havia outro do mesmo quesito, a avaliação foi feita, só que por apenas um julgador. Segundo, porque se referir aos integrantes do júri como "judeus" é mau sinal, pois indica erro de montagem de texto ou — hipótese sem nada que a comprove — um deplorável antissemitismo, já que o dicionário registra que a palavra tem também o sentido pejorativo de pessoa de má índole. Seria uma repugnante forma de criticar o júri que não deu o título à favorita.

O que se pode concluir com segurança é que as declarações de Viriato expressam a rivalidade com Joãosinho Trinta, de quem tinha sido auxiliar até o ano anterior. Vice-campeonato para a Portela não seria grande coisa, porque a escola até hoje tem o maior número de títulos. O problema era pessoal. "Com o primeiro lugar nós todos concordamos,[5] mas o segundo foi demais!", disse ele ao *Jornal do Brasil*. "Anulam um voto porque o juiz esqueceu-se da assinatura. Ora, se o envelope lacrado foi recebido da sua mão! Tiram a esperança de 2.500 pessoas e esse homem não sofre qualquer punição. De qualquer maneira, sou o vitorioso desse carnaval e o vice-campeão por direito e por voto."

Havia muito se dizia que Joãosinho não brilharia tanto sem a ajuda de Viriato para os figurinos, pois não sabia desenhar. O gênio da Beija-Flor tinha grandes ideias, mas precisava de gente talentosa para executá-las. O desfile de 1979 expôs essa

---

[5] É surpreendente Viriato dizer que concordava com o primeiro lugar quando o favoritismo absoluto era da Portela. Tal declaração reforça o quanto era importante para sua afirmação ter uma colocação melhor que Joãosinho Trinta.

deficiência porque o antigo coadjuvante brilhou na primeira vez em que assinou um desfile sozinho e a escola de Nilópolis caiu de produção sem a sua participação. A maledicência dos bastidores foi escancarada nos jornais.

No debate do Estandarte de Ouro, Sérgio Cabral afirmou que "vão dizer agora que o verdadeiro Joãozinho Trinta é o Viriato". E Roberto Moura arrematou, logo em seguida: "Viriato é a identidade secreta de Joãozinho Trinta."

O carnavalesco da Portela era discreto, mas, animado pelo brilhante desfile, não perdeu a chance de alfinetar: "Ganhamos o primeiro round contra a Beija-Flor. Particularmente, considero-me feliz por um motivo: a minha saída da Beija-Flor, onde fui figurinista nos últimos três anos, acabou virando uma briga pessoal e aumentando a rivalidade entre as duas escolas. O resultado foi que Joãozinho Trinta deixou de falar comigo", disse ele a *O Globo*.

O quesito em que a águia perdeu mais pontos foi evolução, por causa do 7 de Nelly Laport, que não deu 10 a escola alguma e premiou a Beija-Flor com o único 9. O grêmio recreativo de Nilópolis também foi o único a levar 10 dos dois julgadores de bateria, Anselmo Mazoni e Jonas Travassos, superando concorrentes de tradição muito mais reconhecida na percussão. Só não chegou ao tetracampeonato porque a professora de história Neuza Fernandes lhe deu 6 em enredo, a pontuação mais baixa de todas. Bastaria um 8 para que tomasse o título de Padre Miguel.

O enredo "O paraíso da loucura" era um convite a esquecer "os problemas da vida, o trem, o dinheiro e a bronca do patrão" e a jogar fora "a roupa do dia a dia" e a tomar banho "no chuveiro da ilusão", alusão ao próprio carnaval, assim definido pelos compositores Savinho, Luciano e Walter de Oliveira. Havia disco voador cheio de crianças fantasiadas de seres espaciais e morcegos representando o obscuro do inconsciente que vem à tona na folia. Abstração demais para Neuza, diretora-executiva da Fundação Estadual de Museus do Rio de Janeiro (Femurj), que comparou a clareza da Portela com o hermetismo da adversária em entrevista a *O Globo*:

"Não entrei no mérito do tema, apenas observei se a proposta foi desenvolvida a contento. Tanto assim que a Portela, com o título 'Incrível, fantástico, extraordinário', apresentou uma história sobre o carnaval. Era um tema que, por trás do título, poderia passar confuso, sem expor claramente o enredo. Mas um enredo bem aberto, que se apresentou com força, e bem definido." Em relação à Beija-Flor, ela afirmou: "Muitas pessoas pensaram que eu não gostei do tema e, erroneamente, chegaram a pensar que fosse igual ao da Portela, pela semelhança aparente nos títulos. O que justificou a minha nota 6 foi apenas o regimento da Riotur. A Beija-Flor não preencheu sua proposta de 'Paraíso da Loucura'. Falhou no seu desenvolvimento em vários aspectos. A liberdade de interpretação e de escolha dos temas é válida, mas essa escola desfilou confusa, as alas não expressaram com nitidez o enredo."

Nitidez foi palavra-chave para entender as diferenças entre Portela e Beija-Flor, que desfilou em seguida à águia, acentuando a comparação. Joãosinho fez fantasias e alegorias carregadas, que chamaram a atenção, mas confundiram pelo excesso de informação. Já Viriato vestiu a escola de Madureira com colorido suave, bom gosto e sem exageros, no melhor estilo "menos é mais" anos antes de essa expressão virar clichê.

Um recurso que o carnavalesco portelense usou para ser claro foi pôr poucos componentes em cima dos carros, permitindo que os destaques tivessem... destaque. Enquanto no abre-alas da Beija-Flor eram tantas pessoas que não se sabia para quem olhar, na águia, havia apenas um componente fantasiado de Rei Momo. Ele estava no início do desfile para anunciar que "chegou o carnaval", o primeiro verso do samba-enredo, casando palavra e imagem.

O Rei Momo mal era visto por quem olhava a escola de frente porque foi tapado pela ave. Não teve mais importância do que o símbolo que os portelenses tanto cultuam e detestam ver ofuscado ou modificado em seu formato básico.[6]

Nas primeiras imagens da TV, não há vestígio do soberano da folia em segundo plano no abre-alas. À medida que a escola avança, no entanto, ele é filmado por câmeras laterais, que registram o ponto de vista de quem está na arquibancada. Na Sapucaí, o espectador precisa virar a cabeça para apreciar a frente de alegorias e fantasias porque vê a escola "de lado". Por isso, não se pode dizer que o Rei Momo tenha ficado escondido.

Já outro símbolo da festa ficou em evidência de todos os ângulos. Pedro Martins veio de pierrô sozinho no alto de um pequeno carro que lembrava um pedestal de chafariz de praça pública. Bendita solidão, porque a relevância visual do destaque correspondia à importância do personagem no carnaval. E no

---

[6] Em 1984, a ave tinha apenas a cabeça, para dar a impressão de que começava a emergir do mar e, por isso, estava sem asas. Houve protestos da torcida. No supercampeonato do sábado seguinte, uma águia inteira, que viera no meio da escola — e não como abre-alas — no domingo de carnaval, foi deslocada para abrir o desfile.

triângulo amoroso com a colombina e o arlequim, ele leva a pior e termina solitário. Se foi essa a intenção deliberada de Viriato, não se sabe, mas ninguém tem dúvida de que ele era sensível e generoso.

Sua delicadeza se expressava em fantasias confortáveis. "Dificilmente alguém ficava feio vestindo um figurino de Viriato", diz o carnavalesco da Mocidade, Alexandre Louzada, que se inspirou no artista no início da carreira. A roupa desenhada para não magoar o corpo provavelmente era herança dos tempos em que ele era figurinista de teatro de revista e precisava valorizar a silhueta das vedetes e facilitar movimentos no palco, já que a dança era parte importante do show.

Funcionalidade definia seu trabalho, e isso ficou claro em 1979. Os chapéus eram pequenos. Se a Beija-Flor trouxe alas com esculturas de animais nos resplendores,[7] a escola de Madureira pôs na cabeça de seus foliões cartolas, coroas e tiaras. Ou seja, elementos pensados para a anatomia humana.

Os sambistas de Nilópolis devem ter ficado com inveja dos portelenses, porque sofreram com as fantasias de Joãosinho Trinta. Elas eram grandes e desconfortáveis, disse Haroldo Costa na ocasião. Ou "alegorias de vestir", na definição do jornalista Macedo Miranda Filho: "O cara trazia, vestia bonecos 50 vezes maiores que ele e não conseguia se equilibrar."

---

[7] Ornamentação vertical presa na parte de trás da fantasia que lembra a auréola dos santos.

Os chapéus das baianas da azul e branco de Madureira foram exceção. Seus tabuleiros presos aos turbantes eram maiores do que as caravelas das baianas da Mocidade. Mas havia diferença de conceito. Pôr miniatura de embarcação na cabeça é usar o corpo do folião como suporte para um adereço; já o "tabuleiro da baiana" é elemento natural do figurino consagrado em verso, prosa e música de Dorival Caymmi na voz de Carmen Miranda.

A ornamentação das alegorias portelenses combinava com as fantasias e suas dimensões menores permitiam que as alas a seguir fossem vistas. Isso ficava evidente desde a águia, o abre-alas. A escultura da ave era estreita e deixava as laterais da pista com vista livre (foto 4 do encarte). Da mesma forma, o carro lembrando os clubes de frevo, que em 1979 ainda desfilavam no Rio, tinha sombrinhas semelhantes às da ala à frente. E a destaque Wanda Baptista (foto 5 do encarte) veio com delicadas asas de borboleta, lembrando os ranchos, num tripé tão discreto que ela parecia flutuar em meio ao cortejo.

Tanta elegância seria beleza inútil não fosse o talento dos compositores David Corrêa, Tião Nascimento e J. Rodrigues, que fizeram uma música fácil de cantar. Mas a obra — de melodia empolgante e letra simples no melhor sentido — não teve o devido destaque nem no debate do Estandarte de Ouro, que costuma tomar as dores de sambistas subjugados por carnavalescos autoritários e a elegeu a melhor de 1979.

No festival de confete que os jurados de *O Globo* jogaram na Portela, a maioria foi para Viriato. Sobrou pouco para o samba-enredo e a bateria dos mestres Cinco e Quincas.

É verdade que os versos não eram tão elaborados quanto os de outros sambas de David Corrêa. Não havia algo parecido com "Vou-me embora, vou-me embora/ Eu aqui volto mais não/ Vou morar no infinito/ E virar constelação" — de "Macunaíma (heróis de nossa gente)", em 1975 — ou "O mar subiu na linha do horizonte/ Desaguando como fonte"— de "Das maravilhas do mar, fez-se o esplendor de uma noite", em 1981. Mas havia passagens afetuosas como "Vou me abraçar com a cidade" e, talvez o trecho mais bonito, "Mestre-sala e porta-bandeira/ Riscam o chão de poesia".

Mais importante do que a letra isoladamente, no entanto, foi seu encaixe na melodia. Os versos eram alongados de maneira que nenhuma sílaba, de palavra alguma, fosse "atropelada". Assim, trechos sem grande inventividade literária cresciam ao serem cantados como se as palavras tivessem mais vogais do que na escrita. Tinha-se essa impressão no verso "Incrível, fantástico, extraodinááário". E o uso da musicalidade das vogais era evidente no refrão "Ô, ô, ô, ô, ô, ô, ô, ô, ô/ ô ô, ô, ô/ Alegria já contagiou/ A ordem do rei é brincaaar/ Quaaatro dias sem parar". Não é um achado de letra, mas gostoso na avenida porque permitia cantar sem dificuldade alguma, abrir os braços e expressar a euforia a plenos pulmões.

Falta de imaginação? Cuidado, porque Silas de Oliveira usou recurso semelhante no inatacável "Aquarela brasileira" no Império Serrano em 1964. O Viga-Mestre da Serrinha termina o baile com um "Lá, lá, lá, laiá/ Lá, lá, lá, laiá" depois de uma letra bem construída e com rimas inspiradas. Bom compositor sabe que uma música cantada por mais de uma hora precisa facilitar a respiração e empolgar.

Se algumas palavras são mais convenientes ao canto do que outras,[8] David Corrêa e seus parceiros fizeram um samba tão confortável para os portelenses quanto as fantasias de Viriato. Contribuíram para a empolgação dos componentes tanto quanto o carnavalesco.

Mas quase todos os louros foram para Viriato porque a Portela estava carente de um Dom Sebastião para resgatá-la do purgatório sem títulos. E o sebastianismo já teve diferentes versões na azul e branco. Enquanto no imaginário português a volta do rei morto na Batalha de Alcácer-Quibir, no Marrocos, em 1578, seria o retorno aos tempos de glória, em Madureira mais de um homem forte — e controverso — representou a esperança de recuperar o esplendor do passado depois da morte de Natalino José do Nascimento, o Natal. A expectativa não era de que o lendário banqueiro do bicho voltasse, já que, ao contrário do soberano lusitano, ninguém teve dúvida de sua morte em abril de 1975, porque foi fato público e notório. O velório na quadra teve a presença de autoridades e ampla — e reverente — cobertura da imprensa.[9]

---

[8] A palavra "horóscopo", por exemplo, não é boa de cantar. Por isso, pode estar em título de enredo, mas não costuma aparecer em letras de samba que falam de astrologia. Foi assim em 1973 quando a Vila Isabel veio com "Zodíaco no samba", e os compositores Paulo Brasão e Irani evitaram não só "horóscopo" mas também o "zodíaco", outra proparoxítona de difícil encaixe na melodia. Da mesma forma, na Unidos do Jacarezinho em 1989, no enredo "Mitologia, astrologia, horóscopo, uma bênção", Barbeirinho do Jacarezinho, Jorge PI, Serginho da Banda, Macambira, Batista do Jacarezinho e Lúcio Bacalhau evitam o "zodíaco" e citam o "ciclo zodiacal". E "O amanhã" — de autoria oficial de João Sérgio, mas atribuída pela própria escola a Didi —, da União da Ilha, em 1978, falou da "mensagem zodiacal", esta sim uma oxítona agradável para terminar o verso.
[9] O bicheiro também foi capa da revista *Veja* na década de 1970 e teve sua história contada no filme *Natal da Portela*, lançado em 1988 em coprodução da Embrafilme, uma empresa estatal, sem que isso causasse questionamentos éticos.

O prefeito Marcos Tamoyo foi homenagear o bicheiro e declarou: "A cidade está triste, está de luto, e eu, particularmente. Não era seu amigo, mas o conhecia. Vai ser difícil encontrar quem o substitua." O cortejo do Portelão ao Cemitério Jardim da Saudade reuniu uma multidão e parou o trânsito na Zona Norte, conforme chamada na capa de *O Globo* de 9 de abril. Na página 13, dizia-se que tamanha comoção mostrava "como é alto o apreço do subúrbio de Madureira por um de seus maiores mitos".

Madureira chorou porque atribuía a Natal a hegemonia da Portela, que até 1970 não ficava mais de três anos sem vencer. Mas assim como a fama de benfeitor do contraventor é controversa, sua macheza já não era mais garantia de vitória quando ele morreu. Em 1975, a águia já estava havia cinco anos sem levantar a taça e ficou em quinto lugar, a pior colocação desde 1967.

Ninguém esperava que o carnavalesco de 1979 desse soco na mesa, seguindo o exemplo do bicheiro. Ele era discreto, de fala mansa e sem a menor pretensão de bancar o valente. Não tinha gestos teatrais e tampouco dizia frases de efeito que os jornalistas adoram destacar. Mas ligou o nome à pessoa ao chamar Joãosinho Trinta para a briga, porque Viriato foi o herói lusitano que guerreou contra os romanos antes de Cristo. Na Beija-Flor, jamais passaria de figurinista. Sua arma para salvar a Portela em 1979 era o bom gosto e a elegância do desenho. Era disso que Madureira precisava, porque, no ano anterior, o visual fora o trunfo para o tricampeonato da Beija-Flor, fundada em 1948.

Nascida em 1923, a Portela já tinha passado dos 50 e viveu em 1978 o dissabor de ser trocada na preferência dos jurados por outra 25 anos mais nova. Dureza, porque ela tinha — e ainda tem — o maior número de títulos. Mas os tempos eram outros. Ficou em quinto lugar entre dez escolas. Constrangedor perder assim para uma emergente.

O comando da águia agiu rápido. Pouco mais de um mês depois do resultado adverso de 1978 o novo carnavalesco estava contratado, conforme a nota do Caderno B do *Jornal do Brasil* de 15 de abril: "Desesperada por ter se transformado numa espécie de Corinthians[10] das escolas de samba — há quase dez anos sem vencer o carnaval — a Portela contratou o figurinista Viriato Ferreira, da equipe de Joãozinho Trinta, da Beija-Flor. Preço do passe: CR$ 300 mil. Gastaria bem menos a escola e ficaria mais próxima do título se afastasse os intrusos e permitisse maior atuação e influência de sua Velha Guarda, além dos portelenses afastados, como Candeia, Paulinho da Viola e outros." Pela diagramação, não fica claro se o autor da nota é Tárik de Souza, que assina o texto do lado esquerdo da página. Seja quem for, teve percepção equivocada dos caminhos para levar ao título, já que fantasias e alegorias tinham grande peso.

O novo carnavalesco chegou para modernizar a Portela: "Vou fazer um carnaval visual porque o público quer isso. Não adianta nada fazer um desfile de raízes para uma geração que não possui raiz alguma. Temos que evoluir", disse ele ao *Jornal do Brasil* de 23 de fevereiro de 1979.

A chegada de Viriato seria o melhor dos mundos: tradição musical aliada a uma cenografia afinada com o carnaval contemporâneo. Não que a escola fosse pobre. Mas as aplicações

---

[10] O clube ficou 23 anos sem vencer o campeonato paulista.

de paetê, os cortes de lamê e os bordados que impressionaram o público durante décadas foram se tornando caprichos sem importância à medida que o palco do desfile cresceu. Com arquibancadas mais altas e imagens panorâmicas na TV, viraram detalhes. Desde então, importaria mais o efeito do que o acabamento.

Foi possível deixar de lado as fantasias e alegorias ingênuas, mas manter o estilo, porque o enredo de 1979 era clássico e inspirou um grande samba. E assim se manteve a identidade, porque a música é valor intocável na escola de Monarco e Paulinho da Viola. "A Portela fez história porque enfrentou gigantes da nova ordem do carnaval reafirmando suas tradições", afirma o atual presidente, Luis Carlos Magalhães.

Mas o desaforo não ficou por isso mesmo. Pouco depois da derrota de 1979, a diretoria anunciou que o próximo enredo seria "Hoje tem marmelada". Todos pensaram num protesto contra o resultado, mas depois foram informados de que, oficialmente, era uma homenagem ao circo. Viriato fez do infortúnio um desfile de duplo sentido.

E SE FOSSE CAMPEÃ?

A injustiça indignou os portelenses e os motivou a repetir um desfile tão bom ou melhor no ano seguinte. O protesto subliminar do enredo serviu de combustível para levar o Estandarte de Ouro e o título oficial em 1980. Perfeito, não fosse um detalhe: Beija-Flor e Imperatriz também tiveram notas máximas em todos os quesitos e dividiram o campeonato com o grêmio recreativo de Madureira.

A sede de vitória pura tampouco foi saciada em 1984, quando a azul e branco foi a campeã de domingo no primeiro ano em que o desfile foi dividido em duas noites. No sábado seguinte ao carnaval, apresentaram-se as três melhores de cada dia e a Mangueira venceu o supercampeonato.

Às vésperas do carnaval 2018, a torcida vive a nostalgia de não levantar a taça — sem ninguém ao seu lado — há 47 anos, quase metade de seus 95. Tivesse ganho sozinha em 1979, o saudosismo talvez não fosse tão forte. Ou, nas palavras de Luis Carlos Magalhães, "amenizaria a cruz pesada que cada portelense carrega". E outras escolas acreditariam que para vencer não bastaria apenas investir fortunas em alegorias e fantasias porque música boa igual à de David Corrêa e seus parceiros também é importante. Quem sabe assim os sambas--enredo hoje teriam mais qualidade?

O título também daria a Viriato o status de carnavalesco de primeira linha. Ele morreu em 1992 sem jamais ter conquistado um campeonato sozinho. Permaneceu na Portela até 1981, saindo em meio à preparação do desfile de 1982. Voltou para a Beija-Flor como figurinista em 1986, permanecendo assim até 1989. Seu último trabalho solo foi na Imperatriz ("O que é que a banana tem?"), em 1991. Ficou em terceiro lugar, à frente da escola de Joãosinho Trinta. Finalmente, o júri oficial reconheceu que o sujeito discreto — mas afirmativo no nome e no talento — podia superar o mito que ajudara a construir.

3
Quando o samba desequilibra

IMPÉRIO SERRANO, *"Mãe baiana mãe"*, 1983

Muita gente na arquibancada desmontável da Sapucaí esfregou os olhos e tomou o restinho de café da garrafa térmica para espantar o sono por volta das 6h50 da segunda-feira de carnaval de 1983 — o último antes da construção do Sambódromo. A festa havia começado domingo, às 18h, e a Portela tinha acabado um desfile de uma hora e quarenta minutos — o mais demorado de todos — que ficou cansativo no final. Era preciso despertar porque lá vinha o Império Serrano, forte candidato ao bicampeonato depois do estouro do samba-enredo "Bum bum paticumbum prugurundum", de Aluisio Machado e Beto Sem Braço, em 1982.

Novamente o enredo, "Mãe baiana mãe", foi uma sugestão de Fernando Pamplona. O samba, dos mesmos autores do ano anterior, era o melhor da safra e a bateria estava impossível. Imagina toda essa competência aliada ao bom gosto de Renato Lage, que criou as fantasias e alegorias. Tinha tudo para ser um desfile irrepreensível, como lembra a pesquisadora Rachel Valença, biógrafa da escola:[1] "O vo-

---

[1] Rachel é autora, com Suetônio Valença, de *Serra, Serrinha, Serrano: O império do samba*.

zeirão de Quinzinho, o sucessor de Roberto Ribeiro desde o ano anterior, deu ao samba-enredo grande brilho. Nada parecia faltar à escola e, de fato, nada faltou. O Império levou a arquibancada ao delírio."

A Sapucaí despertou mais por causa da escola do que pelo carnavalesco, porque em 1983 Renato Lage ainda não era Renato Lage. Ou melhor, era, mas muita gente não sabia. Ele havia estreado em 1977 no Salgueiro e não tinha conquistado um título na primeira divisão, o que só aconteceria em 1990. Mas já era possível ver no jovem talento o artista maduro — e excepcional — que se tornaria (foto 8 do encarte). Foi o caso do abre-alas, uma encantadora Igreja do Bonfim revestida de espelhos, na qual vinha Dona Ivone Lara vestida de baiana ao centro (foto 7 do encarte). Sua fantasia era toda dourada e contrastava com o fundo. Uma beleza! — não só do ponto de vista plástico, mas também afetivo, já que a imagem valorizava a querida sambista e era ótima para ilustrar a ideia de maternidade do enredo. Se a Bahia é reluzente, a mãe da Serrinha é ouro.

Não é à toa que o abre-alas é presente até hoje.[2] Baiana na Igreja do Bonfim é cena de apelo garantido no imaginário de qualquer brasileiro que ouviu Carmen Miranda cantando que "quem não tem balangandãs não vai no Bonfim".[3] E também dos foliões que não se cansam de lembrar o desfile campeão do Salgueiro de 1969: "Nega baiana/ Tabuleiro de quindim/ Todo dia ela está/ Na Igreja do Bonfim".[4]

---

[2] O Império Serrano fez em 2012 um enredo em homenagem a Dona Ivone Lara e citou o desfile de 1983: "Com a liberdade, num lindo alvorecer/ Sonha nossa terna mãe baiana", dizia a letra do samba-enredo "Dona Ivone Lara: o enredo do meu samba", de Arlindo Cruz, Tico do Império e Arlindo Neto.

[3] Trecho de "O que é que a baiana tem?", de Dorival Caymmi.

[4] Trecho de "Bahia de todos os deuses", de Bala e Manuel.

Mesmo depois de criar um abre-alas de pedir a bênção, ainda houve por algum tempo quem dissesse que o trabalho de Renato era frio, talvez por preconceito contra sua origem televisiva e porque ele sempre concebeu seus carros com o cuidado de evitar ornamentação excessiva para não saturar e, assim, confundir o olhar da plateia. Afinal, uma alegoria precisa inebriar de alguma forma, porque é carnaval, mas também ilustrar o enredo, ou seja, informar.

E se o objetivo era informar, câmeras, fotógrafos, repórteres e outros profissionais de imprensa entenderam o recado. Em jornais, revistas e TVs, a imagem de Dona Ivone Lara foi selecionada por editores e ganhou destaque, assim como a bem-acabada escultura de uma baiana do último carro, uma representação da generosidade materna. Ela tinha à frente um tabuleiro farto e estava de braços abertos. Parecia chamar os filhos para comer (foto 9 do encarte).

A ternura do ato de alimentar as crias também estava nas esculturas de africanas amamentando em seguida ao abre-alas. Eram uma referência à origem da baiana no outro lado do oceano Atlântico. Tinham os seios caídos, mas isso não era defeito estético, já que importante era deixar o leite escorrer, e não despertar a libido masculina.

No entanto, explorar apenas o carisma da figura materna seria recurso fácil, piegas e canastrão. A ideia do enredo era destacar o peso cultural da baiana. E isso ficou claro na divisão do desfile em setores, separados por tripés em que estavam escritas as seguintes expressões: "A mãe negra da baiana mãe" (a origem africana), "A fé negra da mãe baiana" (a religião), "O homem da mãe baiana" (seus relacionamentos), "A comida da mãe baiana" (culinária), "A filha da baiana" (transmissão do conhecimento), "Baiana mãe do samba" (seu papel fundamental na propagação do ritmo) e "Mãe nossa da Bahia" (o estado que a consagrou).

Assim, na sequência do enredo, a África apareceu primeiro nas alas cheias de ráfia, palha, búzios e máscaras tribais. Em seguida, a fé se manifestou em fantasias de orixás. Depois, vieram pescadores, capoeiras e nobres do tempo da Colônia fazendo par com a homenageada. Quindins, cuscuz e acarajés viraram adereços em tabuleiros; uma ala de adolescentes saiu fantasiada igual à mãe; Tia Ciata[5] foi reverenciada e uma ala de baianas, louvando a Velha Bahia, fechou o desfile.

Oito escolas já tinham se apresentado antes da Serrinha. Até então, nenhuma passara com enredo tão bem desenvolvido e alegorias e fantasias tão bonitas. Mas era cedo para cantar vitória porque depois viriam pesos pesados. O craque em ascensão Renato Lage teria uma pedreira pela frente porque em seguida ao Império desfilariam os melhores carnavalescos da época. Todos consagrados e já campeões, sendo que dois deles viviam as melhores fases de suas carreiras solo. A Imperatriz Leopoldinense, de Arlindo Rodrigues, foi a décima; a Mocidade Independente de Padre Miguel, de Fernando Pinto, a décima primeira; por fim, a Beija-Flor de Joãosinho Trinta. Este decepcionou, com um trabalho muito fraco, mas os outros dois fizeram exibição de gala, protagonizando com Renato uma disputa que, no futebol, equivaleria a um confronto entre Neymar, Messi e Cristiano Ronaldo.

---

[5] Hilária Batista de Almeida é considerada a mãe do samba. Abrigava rodas de samba em sua casa na antiga praça Onze no início do século passado, quando o batuque era perseguido pela polícia. Negociava a permissão das autoridades para os encontros de sambistas e era mãe de santo.

Foi o primeiro carnaval de Renato na Serrinha. Sua contratação contrariou a máxima de que em time que está ganhando não se mexe, porque o Império vencera em 1982 com Rosa Magalhães e Licia Lacerda, que desenvolveram o enredo "Bum bum paticumbum prugurundum". O presidente Jamil Salomão Maruff, o Cheiroso, talvez tenha atribuído a vitória apenas ao sambão de Aluisio Machado e Beto Sem Braço e subestimado o excelente trabalho das carnavalescas, que driblaram a falta de dinheiro com muito bom gosto.

O jovem artista se empolgou com a oportunidade numa grande escola, recém-campeã. Ele conta que, com o gás de iniciante, meteu a mão na massa modelando placas e ornamentando esculturas africanas, quando o mais comum é outros profissionais fazerem o serviço sob a supervisão do carnavalesco.

A diretoria se empenhou em dar condições de jogo à sua recente contratação. Embora o título de 1982 tenha sido conquistado com uma crítica às "Superescolas de samba S.A./ Superalegorias", o Império Serrano apostou num carnaval mais rico em 1983. Com a vitória, a quadra voltou a encher, e o caixa melhorou. Reportagem do *Jornal do Brasil* de 27 de janeiro de 1983 questionou a virada da agremiação que empolgara tanto o público e a imprensa ao desafiar o poder econômico das adversárias. Sob o título "Império Serrano sai este ano com tudo o que criticou em 82", o texto dizia que a estratégia seria usar e abusar do luxo e falava da possibilidade de "deslumbrar a avenida com alegorias e figurinos". Na Sapucaí, ficou evidente que havia mais dinheiro disponível. O abre-alas todo espelhado parecia uma orgia de gastos diante das alegorias quase sem brilho do ano anterior.

Compreensível o esforço da Serrinha em se vestir melhor. A vitória com "Bum bum paticumbum prugurundum" fora excepcional. Em 1982, não fosse a punição por desrespeitar o regulamento pondo figuras vivas nas alegorias e excedendo o limite de três carros, a Imperatriz teria levado o campeonato para Ramos com um desfile em que a suntuosidade tinha sido o ponto forte. Em 1983, a proibição não valeria e seria preciso mais que samba-enredo e bateria para vencer.

A aposta no luxo teria limites. O orçamento do Império em 1983 não poderia se comparar ao de escolas comandadas por bicheiros: a Imperatriz, com Luizinho Drummond; a Mocidade, com Castor de Andrade. Carnavalesco de primeira linha, a Serrinha também tinha. Mas o refinamento de Arlindo e a explosão tropical de Fernando se apoiavam em base material mais sólida.

O dinheiro farto aliado ao talento rendeu frutos às adversárias da escola de Madureira. O enredo de Arlindo — "O rei da Costa do Marfim visita Xica da Silva em Diamantina" — explorou com competência todo o potencial das estéticas africana e do barroco mineiro. Deixou maravilhada gente experiente como o jornalista Sérgio Cabral: "Achei a escola mais bonita, a obra-prima de Arlindo como figurinista."[6]

Já Fernando Pinto, com "Como era verde o meu Xingu", aliou a exuberância da floresta ao apelo político, pondo em estandartes com letras grandes o pedido "Pela demarcação das terras indígenas". Mensagens assim em 1983 tinham a

---

[6] Considerando-se que Cabral, autor de livros sobre a história das escolas de samba, assistiu a todos os trabalhos de Arlindo e que os enredos que ele assinaria até morrer, em 1987, não produziram reações entusiasmadas, é razoável dizer que o carnavalesco atingiu seu ápice em 1983.

força de uma válvula de escape num país que vivia sufocado pelo regime militar havia quase duas décadas.

Se a verba não era tão generosa em Madureira quanto em Padre Miguel e em Ramos, havia algo para desequilibrar a disputa a favor do Império. Seu samba-enredo e sua bateria eram muito superiores. "Mãe baiana mãe" faz parte da melhor fase dos compositores Aluisio Machado e Beto Sem Braço. É empolgante, tão emotivo quanto o amor materno, e tem letra bem construída, aliando poesia e comunicação do conteúdo do enredo.

Os autores descrevem com admirável lirismo a dádiva passada de geração a geração. No trecho mais inspirado, conseguem ao mesmo tempo distinguir e associar a herança biológica e a cultural, já que ambas vêm juntas mas podem ser diferenciadas: "Mãe negra, sou a tua descendência/ Sinto tua influência, no meu sangue e na cor/ Iê, abará/ Acarajé / Capoeira, filho da mãe/ Pregoeiro, homem da mulher". Carinhoso e sintético. Logo após lembrarem o que é transmitido pela genética, os compositores exaltam a culinária e uma arte marcial predominantemente masculina em sua origem. Assim, ressaltam como a figura materna — em torno da qual famílias negras se agregaram — carrega as tradições, sejam elas femininas ou não.

A bateria fazia a diferença por deixar cada peça sobressair em determinado trecho do samba. Em vez de uma "massa sonora" pesada e genérica, agogôs, surdos, caixas de guerra e tamborins podiam ser reconhecidos ao longe. Produziram um ritmo cadenciado e valente, que tem grande responsabilidade no excelente desfile. O corpo de cada componente respondeu ao som — dos instrumentos e da música — com uma evolução vibrante.

Os imperianos levaram para casa os Estandartes de Ouro de melhor bateria, samba-enredo e personalidade masculina (Aniceto). Em 1983, não houve a categoria melhor escola, e sim comunicação com o público, na qual a Mocidade venceu. Mas na página de *O Globo* que trouxe o debate dos dez jurados o título dizia "Ligeiro favoritismo do Império contra a Mocidade e a Imperatriz". A verde e branco de Madureira foi apontada por quatro deles como provável campeã, enquanto a de Padre Miguel e a de Ramos tiveram três votos cada. Gritos de "já ganhou" ouviram tanto a Serrinha quanto a Mocidade, sendo que no caso desta eles foram mais intensos e concentrados no fim do desfile.

Enquanto isso, os sambas e as baterias da Imperatriz e da Mocidade receberam críticas, embora no caso de Padre Miguel elas tenham sido exageradas.

"O rei da Costa do Marfim visita Xica da Silva em Diamantina" não teve pegada e beirou a melancolia no trecho com enxerto da tradicional canção "Oh, Minas Gerais".[7] A letra até descrevia bem o enredo, mas sem nenhuma solução poética notável ou original. Para piorar, a bateria atravessou e precisou parar em pleno desfile. Houve muitos buracos entre as alas e a escola leopoldinense chegou a ser vaiada.

Sobre a Mocidade escreveu Diana Aragão no *Jornal do Brasil*: "O enredo [...] era muito bom, o mesmo não acontecendo com o samba de Adil, Dico da Viola, Paulinho Mocidade e Tião-

---

[7] Segundo o site do governo de Minas Gerais, "trata-se de uma adaptação de uma tradicional valsa italiana, chamada 'Viene sul mare', introduzida no estado por companhias líricas e teatrais daquele país que vinham ao Brasil no século XIX e início do século XX. A letra foi feita pelo compositor mineiro José Duduca de Morais, o De Moraes, e gravada em 1942".

zinho." No final do texto, ela acrescentou que o desfile "não teve, depois de muitos anos, a forte presença de sua bateria".

Portanto, Arlindo e Fernando foram craques em equipes sem outros jogadores à sua altura. Já Renato tinha para quem passar a bola na Serrinha. Não precisava carregar o time nas costas. Os quesitos que não eram sua responsabilidade (bateria, samba-enredo, harmonia e evolução) também tiveram ótimo desempenho. E o júri do Estandarte de Ouro reconheceu: "Para mim, [o Império Serrano] foi a que se apresentou melhor, não teve um buraco... Acho que será a campeã", disse Sérgio Cabral.

Falando assim, o jornalista destacou o desfile compacto, sem falhas, mas suas palavras não dizem tudo. A Serrinha foi muito além da correção. Para não abrir buracos, bastaria que todos os componentes mantivessem a mesma distância entre eles e se movessem para a frente em velocidade constante. Mas isso é mérito por si só apenas em parada militar. Os sambistas do Império mostraram ginga nas pernas e nos quadris, olharam para cima e expressaram a euforia abrindo os braços na hora do refrão. Na transmissão do desfile pela TV, ficou evidente como os componentes se deixaram emprenhar pelos ouvidos no bom sentido. Ou seja, o time todo jogou bem porque todos os jogadores individualmente fizeram a sua parte. Adelzon Alves acrescentou: "Acho que está entre ela [Império] e a Mocidade." Para Maria Augusta, "os carros estavam lindos". E Bernardo Goldwasser destacou que "o samba estava muito bem cantado, sustentado pela bateria, fantástica".

No *Jornal do Brasil*, Antero Luiz exultou: "Renato Lage [...] mostrou ser capaz de produzir um espetáculo visualmente perfeito. Uma perfeição que o Império Serrano conseguiu em sua harmonia, na vontade de a escola cantar um samba que, além de bonito, motiva da bateria ao simples, mas importante, empurrador de carro. E na motivação da bateria — firme e empolgada — a tônica de um desfile de quem veio para ser bicampeão."

Se naquele carnaval Renato foi tão bom quanto Arlindo e Fernando, pode haver controvérsias. Que o Império Serrano foi mais completo que Imperatriz e Mocidade, no entanto, é quase consenso.

Mas enquanto o carnavalesco imperiano, em início de carreira, ainda não tinha seu estilo e categoria únicos reconhecidos pelo grande público, a Serrinha, campeã oito vezes, já era, aos 36 anos, dona de personalidade forte. Tanto que seu verde e branco predominou nas fantasias e alegorias e certas marcas se destacaram, como a qualidade musical e a bravura dos componentes.

Agremiação e artista tinham identidade própria, mas havia algo no Império de 1983 que lembrava Arlindo. É o caso dos tripés que traziam os nomes de cada setor do desfile, rendados e com traço barroco, e de uma ala de baianas parecida com outra, de 1980, desenhada pelo veterano carnavalesco para o enredo "O que que a Bahia tem" na Imperatriz.

Estandartes com inscrições são coisa da antiga na avenida. Exemplo clássico é o texto padrão "O Grêmio Recreativo Escola de Samba saúda o público, os jurados, a imprensa e as autoridades e pede passagem para apresentar o enredo". Mas no Salgueiro eles foram usados de forma especialmente eficiente e marcante para dividir os atos do espetáculo. E Renato conhecia bem o recurso, presente na vermelho e branco da Tijuca em 1977, ano de sua estreia, em equipe liderada por Fernando Pamplona, autor do enredo sobre culinária "Do cauim ao efó com moça branca, branquinha". A cada etapa da refeição correspondia um painel, da abrideira à sobremesa.

O Império de 1983 teve pitadas de Salgueiro também em alas e carros que representaram a origem africana da baiana. Não só pelo motivo da fantasia como pelo desenho e pela presença de alegorias de mão, elemento comum na Academia Tijucana de outrora.

Renato Lage tinha 33 anos no carnaval de 1983 e buscava a primeira vitória. Arlindo faria 52, tinha sido tricampeão recentemente (em 1979 venceu na Mocidade e nos dois anos seguintes na Imperatriz) e levantara a taça no Salgueiro em 1963, 65, 69 e 71. Ser influenciado por alguém assim em início de carreira não é problema algum.

A Serrinha ficou em terceiro lugar, com 200 pontos. Poderia até perder para a escola de Padre Miguel, que deu show em enredo e alegorias. Jamais para a Beija-Flor, surpreendentemente a campeã com o enredo "A grande constelação das estrelas negras".

Inacreditável! O Império estava melhor que a escola de Nilópolis não só em alegorias e fantasias, mas também em bateria, enredo e samba-enredo; ou seja, nos itens fundamentais. Mas por que a Beija-Flor levou o título? Tem certeza que não é choro de perdedor? Certeza absoluta, porque o julgamento daquele ano não é para ser levado a sério. Entrou para o folclore graças às notas (e às justificativas) de alegorias e adereços de Messias Neiva, que deu 10 apenas à agremiação de Joãosinho Trinta; 8 à Imperatriz e 7 (ao Império) ou menos às demais.

Tão questionável quanto o título da Beija-Flor foram os protestos da vice-campeã Portela, que se achou melhor que o Império e a Mocidade. Mas seu enredo, "A ressurreição das coroas — reisado, reino, reinado", de Edmundo Braga e Paulino Espírito Santo, limitava-se a registrar (constatação óbvia) que ornamentos simbolizando poder já estiveram na cabeça de índios, brancos e negros. Não contava uma história bem encadeada. O samba tinha o seguinte verso, de gosto e compreensão discutíveis: "A independência flutuou/ Assim a liberdade ecoou".

Os portelenses se animaram com o fato de terem ganho o Estandarte do Povo, prêmio concedido pelo *Jornal do Brasil*, TVS e Rádio Cidade a partir de cédulas depositadas em urnas instaladas na Marquês de Sapucaí. Foram apurados 42.440 votos, sendo que a Portela ficou com 9.830, seguida pela Mocidade (6.710). Resta saber se a grande torcida da azul e branco pesou no resultado da enquete.

A crônica do desfile da Portela no *JB*, no entanto, trazia duras críticas. O título era "Duas escolas", já que na avaliação da jornalista Maria Helena Dutra a azul e branco foi muito ruim até a metade e virou o jogo no fim. Segundo ela, "a entrada da Portela chegou a causar temor. Enormes alas mostravam uma escola desanimada e insossa. Suplício porém interrompido na metade final, quando seus integrantes, mesmo lutando contra um enredo complicado, repetitivo e por demais nobiliárquico e um samba de mínima inspiração, com organização e alegria superaram estas nítidas desvantagens". Ela criticou ainda "as fantasias malcuidadas e sem o necessário acabamento".

E a *Tribuna da Imprensa* da Quarta-Feira de Cinzas dizia que "a Portela fez um desfile deslumbrante até a bateria sair do seu lugar. Aí, então, cometeu sérios erros de harmonia, deixando 'buracos' de até 10 metros de comprimento. Daí começaram a correria dos passistas e os berros dos diretores".

Já a qualidade da escola de Nilópolis nem controvérsia causou na imprensa. Foi quase unânime a mediocridade que, no entanto, foi recompensada com o título oficial. "Decepção mesmo ficou com a Beija-Flor, que continuou repetindo aquele mesmo modelo de carros giratórios cheios de mulatas de busto nu[8] e fantasias multicoloridas[9] e compactadas para darem ideia de grandiosidade. A Beija-Flor, sexta colocada em 82, não merece nem um posto acima e Joãozinho Trinta precisará, em 84, rever seus conceitos para novamente eletrizar a avenida", afirmou a *Tribuna da Imprensa*.

O célebre carnavalesco também recebeu críticas de Maria Augusta em *O Globo* pela monotonia na combinação de cores: "Tudo branco, tudo branco." E até mesmo o seu comando sobre o espetáculo, indiscutível até então, foi questionado: "O Joãozinho se perdeu, pela primeira vez não teve rédeas para fazer o desfile", disse Albino Pinheiro.

Só Messias Neiva achou a Beija-Flor perfeita em alegorias e adereços. Ele deu 7 à Serrinha, enquanto o outro jurado do quesito, Sylvio Pinto, deu 10. Viram desfiles diferentes? Outras notas também foram indecentes. Em samba-enredo, por exemplo, a verde e branco de Madureira ganhou 9 e 9, menos que Beija-Flor ("A grande constelação das estrelas negras"), Salgueiro ("Traços e troças") e Imperatriz ("O rei da Costa

---

[8] Na verdade, as mulatas vestiam bustiês que não estavam muito apertados, e, por isso, seus seios apareciam quando elas mexiam os braços, fazendo um "topless acidental".

[9] As fantasias não estavam tão coloridas como o texto pode dar a entender.

do Marfim visita Xica da Silva em Diamantina"). Se foi justo? Bem, na próxima roda de samba, faça um teste para saber se um destes três é mais lembrado que "Mãe baiana mãe". Ou nem se dê o trabalho, porque todos já sabem a resposta.

E SE FOSSE CAMPEÃ?

Caso a Serrinha fosse bicampeã em 1983, Renato Lage teria assinado o seu primeiro desfile vitorioso no então Grupo 1-A. A agremiação, que tinha sido rebaixada em 1978, se fortaleceria com o resultado, formando um círculo virtuoso: mais projeção na mídia, quadra cheia, melhor arrecadação, atenção de patrocinadores e, quem sabe, trégua em disputas internas.

O primeiro título de Renato no Grupo Especial viria em 1990 em Padre Miguel, com o enredo "Vira, virou, a Mocidade chegou", em parceria com Lilian Rabello. No ano seguinte, nova vitória com "Chuê, chuá... as águas vão rolar". O bicampeonato foi sua afirmação definitiva como grande carnavalesco, após ficar no Império Serrano até 1986, passar pelo Salgueiro (1987) e pela Caprichosos de Pilares (1988 e 1989). Se tivesse sido vencedor em Madureira em 1983, possivelmente receberia mais convites e tomaria outros rumos. Grandes escolas se interessariam em contratá-lo.

Depois de 1983, o Império Serrano fez bons desfiles entre as grandes, mas acabou rebaixado pela segunda vez em 1991. Novas quedas viriam ainda em 1997, 1999, 2007 e 2009, motivadas por problemas de gestão, brigas políticas e falta de dinheiro. Em 2017, desfilou pela oitava vez consecutiva na Série A (segunda divisão), fato inédito em sua história. Foi campeã, voltando ao Grupo Especial em 2018. A qualidade da bateria e dos sambas-enredo, no entanto, são as mesmas de sempre.

Difícil dizer se a vitória em 1983, por si só, teria estancado a decadência imperiana. São muitas as dificuldades. Talvez o bicampeonato só acentuasse o contraste entre o passado de glória e a presente realidade.

4
Na vanguarda ambiental e política

MOCIDADE INDEPENDENTE, *"Como era verde o meu Xingu", 1983*

"Para o povo, Mocidade é a vencedora", dizia a manchete de *O Globo* de 16 de fevereiro de 1983, Quarta-Feira de Cinzas. Hoje, parece demagogia, mas falar da vontade popular tinha grande apelo naquela época. O país vivia sob regime militar e voltava a botar a boca no mundo com a abertura política. Por isso, a arquibancada inicialmente se encantou com as cores vibrantes do enredo "Como era verde o meu Xingu", de Fernando Pinto, mas só passou subitamente da admiração serena aos gritos de "já ganhou" ao ler no encerramento a reivindicação "Pela demarcação das terras indígenas". Na ditadura decadente, tomar partido das minorias dava o maior Ibope (foto 11 do encarte). Tanto que a escola de Padre Miguel ganhou o Estandarte de Ouro de melhor comunicação com o público e enredo. A causa despertou empatia. E o desfile se tornou referência para outras defesas do meio ambiente no carnaval.

Mas o povo não votava para presidente nem decidia o título. A Beija-Flor venceu, e a Mocidade terminou em sexto lugar entre 12 escolas, sendo punida naquilo em que foi unanimidade — seu enredo levou 8 de Jezebel Irigaray e 10 de Olga Savary. Com isso, perdeu para a Mangueira o quinto lugar, já que ambas somaram 193 pontos e o quesito, no qual a verde e rosa gabaritou, foi usado como critério de desempate. A Estação Primeira veio com "Verde que te quero rosa... semente viva do samba", um louvor à sua própria história e ao fundador Cartola, do carnavalesco Max Lopes. Justa homenagem, mas convencional, previsível e sem a mesma sintonia com o espírito do tempo e a exuberância visual de "Como era verde o meu Xingu". A nota mais perversa para Padre Miguel foi o 6 em alegorias e adereços, do artista plástico Messias Neiva, sob a alegação de que havia um tatu em cima da árvore.

Em entrevista a *O Globo* de 19 de fevereiro de 1983, no sábado seguinte ao carnaval, o jurado afirmou que já se esquecera dos enredos das escolas que julgara com tanto rigor. "Agora não me lembro mais. Como é que posso me lembrar do que vi há quatro dias?" Entre as muitas alegações absurdas, Neiva, morador de Duque de Caxias, na Baixada Fluminense, disse que dera nota máxima à Beija-Flor porque a escola desfilara de dia e assim pudera ver melhor as alegorias. Não esclareceu, no entanto, por que castigou Império Serrano, Imperatriz e Mocidade, que também saíram à luz do sol.

Quando o jurado tentou se explicar, só deixou ainda mais evidente o quanto fora arbitrário. Após se referir ao enredo da Mocidade como "aquela coisa da selva", ele deu a seguinte alegação para a nota 6: "nos carros vinha a vegetação lá em cima, uma mulher, com onças em volta dela trepadas na árvore. No segundo carro, vinham tatus nas copas das árvores; foi nesse carro que ela levou pau. Se ela colocasse os pássaros em cima e o tatu embaixo eu aumentaria a nota em dois pontos, de seis para oito".

Se ele puniu sem piedade o tatu que subiu na árvore, por que então deu 8 à Imperatriz, cujo enredo era todo imaginário? "O rei da Costa do Marfim visita Xica da Silva em Diamantina" foi um belíssimo exercício de licença poética do carnavalesco Arlindo Rodrigues, que juntou a África às Minas Gerais, duas terras que dão samba. Exerceu assim um direito de todo artista, como Messias Neiva, um pintor, deveria saber. Mas, naquele contexto, ele não sabia de nada. Tanto que admitiu não entender de samba. "Fui lá e dei nota de acordo com o que senti na hora."

De fato, tatu é bicho rasteiro, mas o enredo de Fernando Pinto denunciava realidade concreta com toques de fantasia indispensáveis à folia. O carnavalesco usou a liberdade de criação para incluir na sua história deuses, camaleões guerreiros e a mãe natureza em luta contra o homem branco. Por que o jurado usou critério científico para julgar um trabalho artístico? Achou que a alegoria era ilustração de livro didático?

Para gente experiente, o tatu não teve importância alguma. O produtor musical e pesquisador Adelzon Alves disse que a escola "foi arrebatadora, com um enredo perfeito e colorido maravilhoso". Lygia Santos destacou "aquela garra ao meio-dia".[1] E Fernando Pamplona expressou o sentimento da plateia ao afirmar que, "quando o recado político foi dado, o público entendeu, aplaudiu ainda muito mais". Na enquete com os dez jurados do Estandarte de Ouro, Padre Miguel foi a preferida de Adelzon, Maria Augusta e Albino Pinheiro.

---

[1] O sol estava forte, mas, na verdade, o desfile da Mocidade começou às 9h40 e terminou às 11h02.

Nenhum deles apontou a Beija-Flor — a única que levou nota máxima de Messias Neiva — sequer entre as três primeiras colocadas.

Se o jurado apegado à zoologia se incomodou com o tatu altaneiro, o que diria do animal transformado em tanque de guerra no enredo da Mocidade de 1987, "Tupinicópolis"? Quatro anos depois do Xingu, Fernando Pinto imaginou uma metrópole indígena em que o bicho era veículo de defesa contra os inimigos. O "tatu guerreiro" falou tanto ao coração dos torcedores que virou símbolo do grupo Autofagia Independente, formado por apaixonados pela Mocidade, incluindo seus biógrafos Bárbara Pereira e Fábio Fabato, que buscam influenciar os rumos da escola.[2]

Não seria, portanto, a última vez que Fernando Pinto incluiria o animal de forma alegórica num enredo. Sua versão carnavalizada — que para o jurado foi um erro punido como em prova de Biologia — virou imagem que representa o amor pela verde e branco de Padre Miguel.

Voltando a 1983, "Como era verde o meu Xingu" não foi o primeiro enredo ecológico. A preservação do meio ambiente inspirou "O reino encantado da mãe natureza contra o rei do mal", que Jorge Ivan assinou no Salgueiro em 1979. Mas a trama era ingênua e maniqueísta, semelhante a um conto de fadas primário, e se expressou num samba-enredo de versos óbvios como "Na primavera, as lindas flores desabrocham nos jardins". Além disso, fantasias e alegorias tinham bastante o

---

[2] Fabato é autor da sinopse do enredo de 2018, "Namastê: a estrela que habita em mim saúda a que habita em você", desenvolvido pelo carnavalesco Alexandre Louzada.

vermelho e branco da bandeira. Ótimo para a tradição, mas ruim para ilustrar a natureza multicor.

Fernando Pinto não fugiu da ideia de bem e mal nem do mito da mãe natureza — o que não foi necessariamente ruim, já que se trata de personagem de presença forte no imaginário do público e, portanto, útil ao entendimento. Mas ela era mais proativa do que no Salgueiro. Tanto que a destaque da Mocidade que a representava, Marlene Paiva, era uma "Mãe natureza rebelada" e tinha uma lança para enfrentar seus adversários. Além disso, uma ala à frente dela trazia componentes armados com metralhadoras para expulsar o homem branco. Nada a ver com a doçura e a passividade de histórias infantis porque ela estava "revoltada com a invasão", dizia o samba, complementando que "seus camaleões guerreiros, com seus raios justiceiros, os caraíbas[3] expulsarão".

Para se ter ideia do quanto o carnavalesco estava à frente de seus colegas de ofício daquela época, a própria Mocidade havia falado no ano anterior de um assunto em que o aspecto ambiental era elementar, mas não apareceu na letra do samba. "O Velho Chico", de 1982, desenvolvido pela carnavalesca Maria Carmem, era sobre o rio São Francisco e focava no folclore e na cultura que se desenvolveu às suas margens. Curioso que a sinopse levava a assinatura de Fernando Pamplona, que foi renovador na década de 1960 ao propor enredos com protagonistas negros. Não há uma linha sequer sobre a poluição das águas nem no seu texto nem no samba-enredo de Edu, Adil, Dico da Viola e Da Roça. Fala-se da navegação, das lendas e da mineração

---

[3] Caraíba é como os índios tupis chamam o homem branco.

(atividade de potencial poluente) de forma lírica, sem uma menção clara à ecologia.

Fernando Pinto estava na vanguarda política e ambiental. Para a jornalista Bárbara Pereira,[4] "Como era verde o meu Xingu" colocava o Brasil no divã, como o artista fazia muito bem: "O que os comentaristas de TV chamaram de carnaval ecológico pode ser traduzido por crítica social da melhor qualidade. Quase dez anos antes da Rio-92, ele levava para a avenida as tensões e os desafios vividos há tempos pelas populações indígenas da Amazônia. Desmatamento, luta pela demarcação de terras, invasão e imposição cultural."

O enredo era politicamente correto, mas não queria agradar apenas pelo conteúdo. A forma também foi um espetáculo. Havia grande qualidade plástica até nas pequenas alegorias, no encerramento, em que o impacto estava mais na expressão "Pela demarcação das terras indígenas" do que na ornamentação. Em vez de uma faixa branca com a inscrição em spray preto, como é comum em atos políticos, cada palavra (escrita em painel decorado) ficou sozinha num pequeno carro com folhagens e um destaque.

As cinco palavras do manifesto vinham uma atrás da outra, uma maneira que despertava a curiosidade da plateia em relação à próxima, completando a expressão apenas na quinta carreta. Uma comunicação eficiente, por chamar a atenção do público, e carnavalesca, por não confundir estética de passeata com escola de samba.

---

[4] Bárbara é autora de *Estrela que me faz sonhar*, livro da coleção Cadernos de Samba sobre a Mocidade.

O carnavalesco aproveitou a vivência no movimento tropicalista e o verde e branco da Mocidade para mostrar fauna e flora deslumbrantes, com muitas esculturas, folhas e cocares imensos. As cores eram tão quentes quanto o sol forte das 10h. Mas havia plumas brancas para dar contraste. Fernando Pinto aproveitou que o momento era de abertura política para brindar o público com a sensualidade natural de índias sem sutiã — nem silicone (foto 12 do encarte). Assim, foi mais ousado que Joãosinho Trinta, já que a Beija-Flor veio logo em seguida com mulheres de bustiê no abre-alas.

No início, o desfile tinha semelhança com enredos tradicionais sobre índios, como o clássico "Lendas e mistérios da Amazônia" (Portela, 1970), uma visão romântica que, entre outras passagens do samba, de Catoni, Jabolô e Waltenir, dizia "que os astros se amaram/ E não puderam se casar". Mas a Mocidade fazia a diferença a partir do momento em que dava voz à revolta contra a invasão do homem branco, quando "a felicidade sucumbiu, em nome da civilização".

O carro que marcava a distinção de Padre Miguel em relação aos demais desfiles de temática indígena e louvor à natureza se chamava "Ave dourada malfazeja" (foto 10 do encarte). Até aquela altura, a escola fazia uma belíssima apresentação, mas sem grandes surpresas, porque nada mais batido do que exaltar o selvagem que convive "em perfeita harmonia" com a fauna e a flora.

A Mangueira tem dois sambas clássicos em que a natureza reina e sua perfeição é atribuída à mão divina. Se a Mocidade cantou em 1983 que ela é sublime e "abençoada pelo nosso Criador", 35 anos antes os poetas Cartola e Carlos Cachaça escreveram assim em "Vale do São Francisco": "Quem fez esta tela de riquezas mil/ Responde soberbo o campestre/ Foi Deus, foi o mestre/ Quem fez meu Brasil". Só mesmo Ele poderia ser o responsável, já que, na visão dos compositores mangueirenses, "Não há neste mundo/ Cenário tão rico/ Tão vário/ E com tanto esplendor".

Nelson Sargento, Alfredo Português e Jamelão[5] foram na mesma linha em 1955, ao assinar o samba-enredo da verde e rosa "Cântico à natureza", exaltando as quatro estações do ano e terminando com uma declaração de amor à mais romântica delas no refrão "Ó primavera adorada/ Inspiradora de amores/ Ó primavera idolatrada/ Sublime estação das flores". Difícil imaginar os componentes da Mangueira em 1948 e 1955 fantasiados de camaleões guerreiros com metralhadoras nas mãos para expulsar os invasores do Xingu. Seria um tapa na cara da poesia.

Mas Padre Miguel precisou pegar em armas em 1983. A passagem do romantismo à luta era bem nítida tanto na música quanto na cenografia. O samba-enredo falava da ameaça ao meio ambiente e aos indígenas justamente depois do célebre refrão "Ó Morená/ Morada do sol e da lua/ Ó Morená/ O paraíso onde a vida continua" — o trecho de maior enlevo. Os primeiros versos eram edênicos, até chegar ao ápice do lirismo no "Morená". Logo em seguida cantava-se assim: "Quando o homem branco aqui chegou/ Trazendo a cruel destruição/ A felicidade sucumbiu/ Em nome da civilização". Um corte da beleza divina do Xingu para o horror da intervenção humana.

---

[5] Há registros indicando apenas Nelson e Alfredo Português como autores, e o samba também é conhecido como "Primavera" e "As quatro estações".

A "Ave dourada malfazeja" soltava fumaça, como dragões e outros vilões de desenho animado e história em quadrinhos. Seu bico lembrava o de uma águia, possivelmente uma referência aos Estados Unidos, já que naquela época era forte a ideia de que o "imperialismo" americano era o responsável pelos problemas do Terceiro Mundo.

O principal destaque tinha cédulas de dinheiro estampadas no resplendor e a ornamentação do carro trazia imagens dos vícios que o homem branco levou ao Xingu: cigarro e bebida alcoólica industrializados e um automóvel, útil para deslocamentos, mas também estímulo ao sedentarismo. E se no abre-alas as índias mostravam com naturalidade os seios, na "Ave dourada malfazeja" elas estavam de bustiê, como se tivessem mudado a forma de lidar com o corpo. Mais ou menos como Adão e Eva, que se cobrem de vergonha após o pecado original e a expulsão do paraíso.

Nas alas seguintes, no lugar do índio "puro" eternizado pelo romantismo, entrou o contemporâneo, que anda de bicicleta e patins e precisa de sinal de trânsito na aldeia urbanizada. Estava ali a gênese de "Tupinicópolis", uma cidade indígena imaginada pelo carnavalesco quatro anos depois de 1983 para ironizar as mudanças que as tribos sofriam.

O enredo de 1987 foi uma continuação de "Como era verde o meu Xingu". Em quatro anos, a visão do carnavalesco mudou. Havia crítica, mas ela era implícita e bem-humorada Em 1983, Fernando Pinto marcou posição de forma mais clara e se aproximou do panfletário ao fechar o desfile com os estandartes clamando "Pela demarcação das terras indígenas". Em "Tupinicópolis", a aldeia idealizada, livre de influências, ficara para trás, e a nova identidade do índio era fato consumado com ironia. Não estava totalmente explícito se essa transformação fora boa ou ruim, porque não há na letra do samba sequer um verso claramente crítico ao fato de que "a oca virou taba/ A taba virou metrópole" nem à "boate Saci" ou ao "shopping Boitatá".

Desnecessário aborrecer o público com uma letra de samba panfletária em 1987, porque as imagens davam o recado de Fernando Pinto por serem surpreendentes. Em "Tupinicópolis", ver índios de patins e motocicleta e chá de malva em caixa de remédio levava a pensar se eles precisariam daqueles objetos. Por que comprar no comércio da cidade imaginária o que extraíam diretamente da natureza? Um consumismo que gerou necessidades inéditas, como a criação de uma companhia de limpeza urbana, a Tupilurb, brincadeira com a Comlurb carioca, representada ao final em mais uma grande sacada de Fernando Pinto: os garis de Tupinicópolis poderiam ser vistos como mera alusão à habitual limpeza da pista na Sapucaí mas também varriam toda a sujeira da vida urbana, com a qual o índio não convivia na taba antes da chegada dos caraíbas.

Uma grande diferença entre os dois desfiles de temática indígena é o samba-enredo. "Como era verde o meu Xingu", de Tiãozinho, Paulinho Mocidade, Adil e Dico da Viola, é controverso porque há quem o defenda das críticas; mas "Tupinicópolis", de Gibi, Chico Cabeleira, Nino Batera e J. Muinhos, não causa muita discussão quanto aos seus limites. Na ocasião, o samba de 1983 foi criticado pela imprensa e somou 17 pontos (notas 9 e 8) no julgamento oficial. Teve assim o pior desempenho, ao lado das músicas da Mangueira e da Unidos da Ponte. E de fato não tem tanta energia quanto "Mãe baiana mãe", do Império Serrano, da mesma safra.

"Achei muito fraco", disse o jornalista José Carlos Rego sobre o samba de Padre Miguel em 1983. Mas outros experts discordaram dele: "[o samba] cumpriu o seu papel. Até a arquibancada cantou", disse Maria Augusta. "Cumpriu o seu papel, sim", afirmou Fernando Pamplona. Adelzon Alves destacou: "E seu refrão era muito bonito."

Talvez o júri oficial e a imprensa não tenham percebido o que o samba tinha de singular. O refrão conseguiu empolgar a Sapucaí mesmo com melodia dolente. Ou, nas palavras do compositor Tiãozinho, "acendia em menor por causa da beleza da música". Aquela poesia despertava os componentes, mas sem causar a excitação de uma marchinha porque a intenção dos autores foi mesmo fazer uma melodia tão cadenciada quanto a bateria da Mocidade, convidando a contemplar a natureza.

A composição ficou melhor com o tempo. O refrão colou na memória dos foliões e é cantado com o maior prazer até hoje em Padre Miguel e onde mais se acredite que recordar é viver.

Morada de seres encantados no Xingu, o "Morená" é um refrão lento por inspiração etílica. Na companhia de muitas garrafas vazias no botequim, o compositor Dico da Viola cismou com aquela palavra assim que leu a sinopse do enredo de Fernando Pinto. Antes mesmo de saber como a encaixaria no samba, ficava cantando "Ó, Morená" repetidas vezes. Depois de tomar todas, cantarolava bem devagar, quase balbuciando. Insistia nisso e seus parceiros levaram a sério aquele papo de bêbado. "É a célula do samba", diz Tiãozinho.

Em seguida à Mocidade, a Beija-Flor de Joãosinho Trinta fecharia o desfile do Grupo 1-A com "A grande constelação das estrelas negras", sobre negros notáveis, inclusive Pelé, convidado a desfilar.[6] A azul e branco estava mordida porque ficara em sexto lugar em 1982 por desobedecer ao regulamento, que proibia componentes em cima das alegorias e mais de três carros. Sem a punição, terminaria em terceiro. Uma infâmia para Nilópolis, porque de 1976 a 1981 a escola só fora campeã ou vice.

Mas a indignação da Beija-Flor foi improdutiva. Ela veio muito pior do que a Mocidade e o Império Serrano. Não havia termo de comparação. Quem entendia do assunto mal acreditava que tinha visto um trabalho de Joãosinho Trinta. A começar por Fernando Pamplona, grande amigo do carnavalesco, a quem chamava de gênio, e responsável por sua ida para o Salgueiro na década de 1960. Por maior que fosse a amizade, no entanto, não havia como fazer vista grossa a tanta incompetência: "O Joãozinho perdeu a receita ou resolveu escondê-la. Pode ter havido até um relaxamento da parte dele. O fato é que foi o pior desfile que vi da Beija-Flor, desde que o João assumiu (em 1976). Pior em todos os sentidos, no que diz respeito à responsabilidade do Joãozinho e no que diz à da escola. Nunca vi uma bateria tão ruim, uma evolução tão sem força, uma mistura de alas tão confusa, um samba tão fraco. A Beija-Flor estava ruim demais. O Joãozinho podia ter segurado, mas tenho a impressão de que ele deixou o barco correr. Ele não deve entender direito de samba", disse o mestre.

Calma, Pamplona! Também não é assim. Joãosinho era gênio, mas, naquele ano, excepcionalmente, pareceu um aprendiz inseguro diante do show de Fernando Pinto.

---

[6] O Rei não desfilou e foi substituído por um sósia. Mas até o dia do desfile alimentava-se a esperança de que aparecesse.

E SE FOSSE CAMPEÃ?

A Mocidade seria uma viúva muito mais inconsolável caso tivesse ganho em 1983. Teria sido o primeiro título de Fernando Pinto na escola, o que só aumentaria a saudade do carnavalesco. Ele morreu num acidente na avenida Brasil em 1987 quando voltava de um ensaio em Padre Miguel, ficando a sensação de que ainda faria muitos desfiles surpreendentes, como o de 1985, quando venceu com o antológico "Zirigui-dum 2001".

Assim como seu autor, o enredo "Como era verde o meu Xingu" deixou um legado, apesar do sexto lugar. Tanto que quando o carnavalesco Renato Lage estreou, vencendo, em Padre Miguel, em 1990 (ao lado de Lilian Rabello), com um enredo lembrando os grandes momentos da escola, o carnaval de 1983 foi revivido. Nas fantasias e alegorias e num verso do samba-enredo de Toco, Tiãozinho e Jorginho Medeiros: "Quem não se lembra/ Do lindo cantar do uirapuru/ Quando gorjeava/ Parecia que falava/ Como era verde o meu Xingu".

Depois de 1983, o meio ambiente se tornou assunto cada vez mais presente no noticiário, e a tendência chegou à Sapucaí. O desfile da Mocidade virou referência para enredos ditos ecológicos, mesmo em escolas que não têm o verde na bandeira, que se sentiram encorajadas a usar muitas cores para ilustrar a natureza.

E o país que deixava para trás o regime militar e olhava para a frente se sentia à vontade para dizer o que queria. Após duas décadas de ditadura, a Portela incluiu, em 1986, a preservação do meio ambiente entre os sonhos de um folião no enredo "Morfeu no carnaval, a utopia brasileira", de

Alexandre Louzada. Os desejos incluíam a vitória no futebol e no carnaval e ver "o índio em sua selva a sorrir/ Feliz nesse torrão/ Livre do FMI e da poluição", na descrição dos compositores Ary do Cavaco, Carlito Cavalcante, Vanderlei, Nilson Melodia e Paulinho. Da mesma forma que em "Como era verde o meu Xingu", a questão ambiental aparece como uma ameaça ao índio em seu paraíso natural. Uma visão romântica e de conteúdo religioso, já que a associação direta ou implícita com o Jardim do Éden é automática, prevalecendo até hoje.

O Império Serrano também expressou desejos em 1986 no enredo "Eu quero", de Renato Lage e Lilian Rabello, e logo no início da letra do samba, de Aluisio Machado, Luiz Carlos do Cavaco e Jorge Nóbrega, a questão ambiental aparecia com destaque: "Quero que meu amanhã/ Seja um hoje bem melhor/ Uma juventude sã/ Com ar puro ao redor". Ficou em terceiro lugar, e a Portela em quarto.

Se os alertas ambientais são ignorados por poderosos no mundo inteiro, no carnaval eles foram vitoriosos em 1991 e 1996, em Padre Miguel, e em 2004, na Beija-Flor. Em 1991, a Mocidade foi bicampeã cantando os versos "Quem dera/ Um mar de rosas esta vida/ Lavando as mentes poluídas", no samba-enredo "Chuê, chuá... as águas vão rolar", de Toco, Jorginho Medeiros e Tiãozinho. O enredo de Renato Lage e Lilian Rabello tinha uma alegoria em que um monstro puxa um barco, uma crítica à pesca predatória.

Em 1996, Renato e a Mocidade clamaram pela própria continuação da vida na terra no enredo campeão "Criador e criatura". Um carro representava a bomba atômica e o samba, de Beto Corrêa, Dico da Viola, Jefinho e Joãozinho, lembrava que pode ser de outro jeito, já que "A mão que faz a bomba, faz o samba/ Deus faz gente bamba/ E a bomba que explode nesse carnaval/ É a Mocidade levantando seu astral".

No bicampeonato da Beija-Flor em 2004, a visão edênica pautou o enredo sobre Manaus (e a Amazônia ao redor) e os versos "Amazônia terra santa/ Dos igarapés, mananciais/ Alimenta o corpo/ Equilibra a alma/ Transmite a paz" e "Se Deus me deu, vou preservar/ Meus filhos vão se orgulhar", dos compositores Claudio Russo, Zé Luiz, Marquinhos, Jessi e Leleco.

É claro que nem tudo se resume a consequência de "Como era verde o meu Xingu". A tendência reflete a crescente importância que a questão ambiental ganha no planeta do qual as escolas de samba — como qualquer instituição — fazem parte. Mas o pioneirismo de tocar no assunto de forma inesquecível na Sapucaí é de Fernando Pinto. E isso ninguém lhe tira. Nem Messias Neiva.

5
Sem medo de sujar a roupa

BEIJA-FLOR, *"O mundo é uma bola"*, 1986

A o ver uma escola muito bem fantasiada mas sem empolgação, a repórter Lena Frias dizia que os componentes desfilavam com medo de sujar a roupa. Texto brilhante em defesa da cultura popular, ela expressava assim os valores de parte da sua geração de jornalistas, que achava o luxo incompatível com o samba no pé. Incomodava-se com o fato de as alegorias chamarem mais atenção do que a música, o ritmo da bateria ou o gingado da passista.

Mas o que dizer quando justamente a agremiação mais rica — e criticada pelos puristas — é a única a enfrentar um dilúvio e, em vez de se intimidar, mostra uma valentia impressionante? Foi assim com a Beija-Flor em 1986, quando a água começou a cair no início de seu desfile e parou só no final (foto 14 do encarte). A velha guarda da crônica carnavalesca teve que rever conceitos.

Para o pesquisador Luiz Antonio Simas, a imagem da azul e branco mudou: "Até 1986 a Beija-Flor era vista, por quem não era da escola, como uma agremiação sem chão, técnica, baseada apenas no aparato visual. Aquele desfile começou a sugerir a ideia de que ela tinha chão. Neste sentido, é um dos mais importantes da história da agremiação. As primeiras raízes de uma Beija-Flor de chão e comunidade, distante de ser uma escola fria e calculista, foram lançadas, para o senso comum, debaixo de chuva."

Orivaldo Perin disse o mesmo em outros termos no *Jornal do Brasil* de 12 de fevereiro de 1986: "A chuva parece ter despertado na Beija-Flor uma raça que a avenida costuma cobrar todos os anos da escola mais rica do carnaval do Rio."

Mangas arregaçadas, Joãosinho Trinta percorreu as alas exortando os componentes à vitória. Uma atuação tão emocionante quanto a de Neguinho da Beija-Flor, que respondia às trovoadas com grito de guerra; do figurinista Viriato Ferreira; da bateria dos mestres Pelé, Bitinha e Janinho e a do primeiro casal de mestre-sala e porta-bandeira, Élcio PV e Dóris.

Além da bravura, o luxo impressionou. No enredo "O mundo é uma bola" — sobre o futebol, em ano de Copa do Mundo —, o carnavalesco lembrou que há registros de jogos semelhantes à paixão nacional entre povos antigos. Assim, explorou a riqueza de imagens da China, da Grécia, do Império Asteca e da Idade Média. E marcou a presença da brincadeira no Brasil com o bumba meu boi, referência ao couro com que eram fabricadas as bolas. Cada grande time carioca virou uma alegoria. E a frase "Se macumba ganhasse jogo, o campeonato baiano terminava empatado" foi estampada em estandarte num carro em que havia um despacho.

O júri da Rede Globo deu 10 à escola em todos os quesitos. E comentaristas tarimbados se empolgaram. Para Maria Augusta, diante da chuva, a escola poderia baixar a crista ou "pegar o freio no dente e desfilar maravilhosamente" e ficou com a segunda opção. "Emoção pura, de ponta a ponta", disse ela. Haroldo Costa afirmou que "foi impressionante, um espetáculo inesquecível". O Estandarte de Ouro não só elegeu a agremiação nilopolitana nas categorias melhor escola, destaque masculino (Jésus Henrique) e passista masculino (Moisés) como deu a Joãosinho um prêmio especial pela liderança.

Já a manchete do *Jornal do Brasil* da Quarta-Feira de Cinzas foi "Desfile das escolas não tem favorita", dizendo que Mangueira e Beija-Flor disputavam o título de igual para igual, com a ressalva de que uma vitória de Portela, Império Serrano ou União da Ilha não seria injusta. Mas a edição da capa destacava a escola de Nilópolis. A maior foto, no alto, mostrava em primeiro plano uma componente se esbaldando toda molhada, com a legenda "A tromba-d'água durou exatamente o tempo do desfile da Beija-Flor. A passarela virou rio".

No júri oficial, deu Mangueira, com 214 pontos, e Beija-Flor vice, com 211. A segunda colocada perdeu dois pontos em samba-enredo e dois em evolução, quesito em que o cineasta Leon Hirszman lhe deu 8.[1] Ele alegou que os componentes andaram, mostrando empolgação apenas diante de câmeras de TV. Mas Joãosinho o acusou de castigar Nilópolis por causa dos enredos de apoio ao regime militar na década de 1970.

Polêmicas à parte, Leon avaliou que, num total de 15 escolas, nove tiveram desempenho melhor que a Beija-Flor, já que deu 10 a Império Serrano, Império da Tijuca e Mangueira; 9 a Salgueiro, Estácio de Sá, Vila Isabel, Caprichosos

---

[1] Cada quesito foi julgado por dois jurados.

de Pilares, União da Ilha e Imperatriz. Na visão do jurado, a evolução que maravilhou críticos experientes estava entre as seis piores.

No mapa em que o cineasta registrou suas notas não há qualquer anotação ou justificativa para o polêmico 8.[2] Ele respondeu ao carnavalesco na coluna Informe JB, do *Jornal do Brasil* de 14 de fevereiro: "Leon Hirszman, que deu nota 8 no quesito evolução da Beija-Flor, nega três vezes que tenha qualquer preconceito contra a escola de samba de Nilópolis: 'Acho o trabalho de Joãozinho Trinta genial, mas o que eu julguei foi a evolução, e a escola passou andando na minha frente. Não tenho nada contra o luxo.'"[3]

Especulação inútil, porque mesmo se a azul e branco ganhasse nota máxima de Hirszman, a verde e rosa venceria por um ponto de diferença.

A maledicência atribuiu o título de 1986 à proteção do governador Leonel Brizola. Tanto que a torcida da Beija-Flor

---

[2] A informação consta do livro *Maravilhosa e soberana: Histórias da Beija-Flor*, de Aydano André Motta.

[3] A resposta de Hirszman está em *Pra tudo começar na quinta-feira*, de Fábio Fabato e Luiz Antonio Simas. O máximo que se pode dizer com segurança de Leon Hirszman em relação à Beija-Flor é que os enredos de exaltação à ditadura nos anos 70 mereceriam o seu veemente repúdio. O cineasta foi um dos criadores do Centro Popular de Cultura da União Nacional dos Estudantes (CPC-UNE), que teve seus núcleos fechados em todo o país em abril de 1964 assim que o governo militar se instaurou.

Mas a questão não se resume à apologia a um regime inimigo do diretor. Os conceitos de cultura popular de Hirszman e de Joãosinho Trinta eram muito diferentes. O CPC-UNE se propunha a incentivar uma arte popular revolucionária e que favorecesse a conscientização da realidade brasileira, conforme defendia a esquerda naquela época. Já o carnavalesco falava na "revolução da alegria" que seus desfiles suntuosos trariam e ignorava críticas de que poderiam levar à alienação.

ironizou a adversária com uma paródia de "Jiboia", de Vilani Silva e Bombril, sucesso na voz de Almir Guineto: em vez de "Depois que mataram a jiboia/ Jararaca deita e rola", a tribo nilopolitana cantava "Depois que inventaram o Brizola/ A Mangueira deita e rola". A ideia de que o político protegia a verde e rosa começou a se espalhar no ano da inauguração da Passarela do Samba, em que a escola venceu o desfile de segunda-feira, quando foi até a Praça da Apoteose e voltou. Ganhou também o supercampeonato do sábado seguinte ao carnaval, no qual as três melhores de cada noite (domingo e segunda) se enfrentaram. Só que algo vai contra esta hipótese: a Estação Primeira veio muito bem em 1984.

O *Jornal do Brasil* de 13 de fevereiro de 1986 publicou a transcrição do telegrama de Brizola à campeã: "A Estação Primeira enobrece com sua tradição, seu samba, suas cores, seus integrantes, dirigentes e sua comunidade o carnaval do Rio de Janeiro." Como em qualquer teoria da conspiração, até havia indícios para levantar a suspeita de favorecimento à Mangueira, da mesma forma que para insinuar que a Beija-Flor foi ajudada pelo regime militar. O presidente João Figueiredo também mandou telegramas de congratulações à escola da Baixada Fluminense, onde seus filhos Paulo e Johnny desfilaram.

Em 1986, a Estação Primeira veio bem, mas as notas em fantasias (10 e 10) e alegorias e adereços (9 e 10) surpreenderam, porque elas estavam feias e mal descreviam o enredo em homenagem a Dorival Caymmi. De resto, seu desempenho foi muito bom. Afirmar, sem provas, que a Mangueira venceu por intervenção de Brizola é tão leviano quanto dizer que a Beija-Flor foi tricampeã em 1976-77-78 por imposição do regime militar. Nos três títulos, o desfile foi ótimo.

Dos dois pontos perdidos em samba-enredo, a Beija-Flor até pode reclamar, mas depende do ponto de vista. A queixa procede se prevalecer a visão de que se trata de obra que não deve ser avaliada isoladamente, considerando-se apenas a letra e a melodia, mas sobretudo o contexto em que é cantada e a qualidade da execução. A composição de Betinho e Jorge Canuto é exemplo de funcionar na avenida, na visão do produtor musical Adelzon Alves: "Não é um achado, mas serviu muito bem para a escola a partir do momento em que as rádios a popularizaram." Assim também entendeu o jornalista Sérgio Cabral, que deu 10 a "O mundo é uma bola" no júri da Rede Globo. Alegou que não se tratava de nenhuma obra-prima, mas fora muito bem cantada.

É surpreendente que a Beija-Flor não tenha levado à Sapucaí um samba melhor justamente quando o enredo foi o futebol, assunto íntimo dos compositores. Betinho não foge à regra. Vascaíno de vestir a camisa com a cruz de malta em dia de jogo, Felisberto da Silva tinha 46 anos quando venceu sua primeira disputa de samba-enredo na Beija-Flor, em 1986. Já era um folião experiente, mas não tinha no currículo a glória de uma composição no desfile principal. Deu seus primeiros passos no bloco Lelé da Cuca, em Anchieta, bairro carioca a três estações de Nilópolis.

Ele entrou para a Beija-Flor em 1984. Seu prestígio na escola na época não se comparava ao de Joãosinho Trinta. Antes de ganhar o primeiro samba-enredo, venceu o concurso de samba-exaltação com "Hipnotizado com aquela maravilha", gravado em LP pela RCA Victor. O carnavalesco, àquela altura, tinha sido campeão sete vezes (duas pelo Salgueiro e cinco pela Beija-Flor) e vice três (1979, 1981 e 1985) num espaço de 12 anos. A criação do sambista estava subordinada à mão pesada do artista.

Por determinação de Joãosinho, Betinho e seu parceiro mudaram um trecho depois de o samba ter sido escolhido. Inicialmente, o refrão final seria "Seja quem for o inventor do futebol/ Fez o artista ter um sonho triunfal". Mas o carnavalesco bateu o pé: a letra tinha que ter a palavra "milenar", já que o enredo citava povos antigos que se divertiam com jogos considerados antecedentes do esporte. Assim, o refrão foi mudado para "É milenar, a invenção do futebol/ Fez o artista ter um sonho triunfal" e ganhou a melodia meio solene que foi para a Sapucaí.

Também tem influência de Joãosinho o fato de a letra não citar um time sequer, embora no desfile os seis clubes cariocas mais tradicionais tenham sido homenageados, cada um com uma alegoria. Ao saber do enredo, Betinho pensou no célebre desfile da União da Ilha de 1977 ("Domingo"), em que havia alas com camisas e bandeiras. Só que o enredo, da carnavalesca Maria Augusta, era diferente — falava do futebol como uma das várias opções de lazer dos cariocas no fim de semana. Ele e Jorge Canuto chegaram a pensar em citar o bacalhau, o urubu, o pó de arroz e o Pato Donald. Mas sua experiência na disputa de samba-enredo para o carnaval de 1985 ("A Lapa de Adão e Eva") lhe recomendou ser sucinto: "Fiz uma letra grande e o Joãosinho comentou com o Anísio [bicheiro e presidente de honra]: 'Seu Anísio, não sei onde esse menino foi buscar tanta música para colocar na letra. A escola vai acabar de desfilar sem ter cantado o samba todo.'"

Betinho perdeu a disputa de 1985 e mudou de tática para o ano seguinte. A sinopse de "O mundo é uma bola" citava os grandes times cariocas, mas os autores do samba deixaram de lado o bairrismo e falaram do futebol como paixão nacional. Acharam que a seleção resumiria a questão porque os jogadores que se destacavam nos clubes iam para o escrete canarinho. Por isso os primeiros versos são "Brasil, Brasil, Brasil, oi/Canta forte e explode de alegria". E "os heróis da nossa seleção/ Vibrantes com o grito popular" aparecem na primeira parte.

A mão forte de Joãosinho fazia sombra à ala de compositores. Foi com o carnavalesco que a escola conseguiu o "milagre" do primeiro título, e havia a convicção de que ele sabia o que era melhor para a Beija-Flor, o que fazia sentido, mas só até certo ponto. Não fosse uma personalidade tão marcante pairando sobre Nilópolis, quem sabe os autores se sentissem à vontade, e o futebol teria rendido um samba mais inspirado, capaz de tirar 10. Por outro lado, uma música descontraída demais contrastaria com o tratamento cerimonioso do enredo.

O samba ficou muito melhor na Sapucaí do que no LP graças às vozes do puxador Neguinho, do coro feminino que lhe deu apoio, dos componentes e da bateria, que se entrosou perfeitamente com o canto e recebeu de Haroldo Costa o seguinte elogio: "Os couros pareciam não sofrer com a chuva, os timbres não se alteraram de maneira alguma.

OTÁVIO MAGALHÃES / AGÊNCIA O GLOBO

1. O abre-alas da União da Ilha (atrás da comissão de frente) representava o sol nascente porque "um lindo dia se anuncia", dizia o único samba nota máxima de 1977.

2. Em 1977, o palhaço da União da Ilha lembrou que domingo é dia de circo.

3. Pranchas de isopor decoradas e surfistas com o sol na camiseta entraram na avenida ao amanhecer.

4. A águia permitia ver as alas atrás porque o projeto visual de Viriato Ferreira integrava as alegorias ao conjunto da Portela em 1979.

5. A destaque portelense parecia flutuar sobre a escola.

6. Bandeira aprumada e molejo na saia, Vilma ganhou o terceiro Estandarte de Ouro seguido em 1979, na Portela. Segundo o *Jornal do Brasil*, se superou; mas, assim como a colega mangueirense, ficou com a nota mais baixa de uma jurada.

7. A mãe baiana Ivone Lara abriu o desfile do Império Serrano na Igreja do Bonfim em 1983.

8. Carros bem-acabados já eram marca de Renato Lage sete anos antes de ele ganhar seu primeiro título no Grupo Especial.

9. A generosidade materna foi ilustrada pelo farto tabuleiro da baiana.

ANIBAL PHILOT / AGÊNCIA O GLOBO

10. A "Ave dourada malfazeja" representava a chegada do homem branco no desfile da Mocidade em 1983.

11. A Mocidade tomou partido do índio no enredo "Como era verde o meu Xingu", em 1983.

12. A sensualidade sem silicone das índias de Fernando Pinto.

13. A bola Azteca (quase toda de material opaco e preta e branca) se destacou em meio ao brilho multicor da Beija-Flor em 1986.

14. Os componentes foram valentes ao sambar na pista alagada.

15. Português de bigode, caravela e cruz de malta: o Vasco na Sapucaí.

RICARDO LEONI / AGÊNCIA O GLOBO

16. O Cristo Mendigo abriu o desfile da Beija-Flor em 1989.

17. O acúmulo de tecidos e plásticos compôs a "opulência" do povo de rua na Beija-Flor em 1989.

18. Dourado forte no carro que criticava o poder da Igreja.

RICARDO LEONI / AGÊNCIA O GLOBO

19. Com o carro "Sou na vida um mendigo, da folia eu sou rei", a Beija-Flor trouxe a riqueza para contrastar com a pobreza em 1989.

20. Abre-alas que seduz a torcida, a águia portelense começou o baile de máscaras em 1995.

21. O amanhecer realçou o clima romântico da Portela.

22. As plumas azuis e brancas impressionaram pelo visual frondoso e expressaram todo o orgulho de ser portelense em 1995.

23. O mestre-sala Jeronymo (com a porta-bandeira Andrea Machado) coreografou a comissão de frente da Portela: responsabilidade em dois dos dez quesitos.

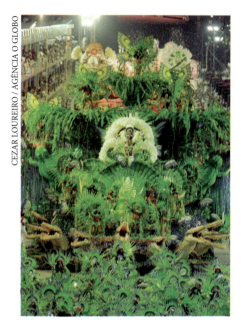

24. O abre-alas da Mocidade em 1999 trouxe a fauna e a flora que inspiraram Villa-Lobos.

25. O carro da Mocidade Independente misturou o clássico e o popular na obra do maestro Villa-Lobos, representado por Marcos Palmeira.

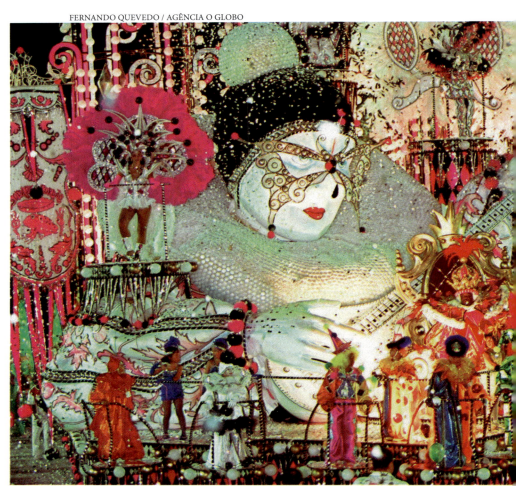

26. Pierrô de gola e pompom de copos descartáveis trazidos pela escola de Padre Miguel para a Sapucaí em 1999.

27. A pantera na comissão de frente da Beija-Flor abriu caminho para um desfile animal em 2001.

28. As sambistas nilopolitanas na ala de abertura pareciam estar incorporadas por pretas-velhas.

29. Esculturas e estampas de bicho compuseram o visual selvagem do palácio de Agotime no Daomé, representado no abre-alas da Beija-Flor.

30. O Carro do DNA da Unidos da Tijuca em 2004 tinha um destaque no alto, mas pouca gente se lembra disso.

31. Frankensteins alertavam para o risco da manipulação científica.

32. Saias da comissão de frente da escola tijucana giravam sozinhas e perguntavam: "A ciência move o homem ou o homem move a ciência?"

A bateria, mantendo o andamento sem tropeço, fez uma exibição impecável."

Isolado do contexto do desfile, no entanto, "O mundo é uma bola" perde. A melodia não tem trecho algum que cause encantamento. E há versos sem grande inventiva, como "Tudo em cima novamente/ Sobrevoando a passarela/ Que beleza à Beija-Flor/ Sacudindo esta galera".

Ao dizer que "o mundo é uma bola" e que "é milenar o futebol", a escola do carnavalesco com mania de grandeza destacava a onipresença do esporte no tempo e no espaço. A popularidade no planeta é evidente: enquanto a Fifa tem 211 filiados, a Organização das Nações Unidas conta com 193 países-membros.[4] Sua presença ao longo da história humana só ficou clara nas menções às práticas e brincadeiras de povos antigos que não são exatamente o que se faz hoje dentro das quatro linhas, mas os seus antecedentes.

Evidente que chineses, indianos e astecas de séculos atrás e europeus na Idade Média estavam na Sapucaí porque sua história tem imagens de apelo estético que o carnavalesco sabia explorar como poucos. Mas não era uma exuberância gratuita, apenas por ostentação. A ideia era destacar o prestígio do que é milenar. Povos antigos permanecem no imaginário como lugares "onde tudo começou" e sua presença deu importância ao violento esporte bretão.

Ligar jogos antigos diretamente ao futebol é boa dose de licença poética. Mas Joãosinho, ainda bem, nunca foi chegado a narrativas literais porque sabia que elas precisavam vestir

---

[4] Dados de setembro de 2017.

alguma fantasia para dar certo na avenida. A introdução do esporte no Brasil, por exemplo, foi representada por um carro inspirado no estilo art-nouveau, lembrando a belle époque, já que a primeira partida foi promovida em 1895 pelo inglês Charles Miller. Ótimo, mas essa informação qualquer livro ou documentário minimamente razoável traz. Na Sapucaí, é preciso dizer a mesma coisa no idioma das escolas de samba, ou seja, de forma festiva, bonita e, de preferência, nacionalista, já que somos o país do carnaval.

Foi aí que Joãosinho Trinta mostrou domínio da linguagem, buscando na terra natal um jeito de ilustrar de forma lúdica a inserção do esporte na cultura brasileira: um carro trazia um enorme bumba meu boi maranhense com estandartes dizendo que o "boi deu a bola". Bela jogada não só pela referência correta ao couro com que se fazia a pelota, mas também porque a associação do esporte com o folclore expressa que o futebol não nasceu aqui mas é "coisa nossa".

O enredo mudou de tom depois do bumba meu boi. Passou a apelar para a emoção da torcida após impressionar com a riqueza das alegorias da antiguidade do futebol, que causavam impacto mas não necessariamente empatia. Vascaíno que se preza certamente se empolgou ao ver a caravela com cruz de malta e a escultura de português bigodudo que parecia ter saído da padaria diretamente para a Sapucaí (foto 15 do encarte). Assim como alvinegros aplaudiram o Pato Donald, mascote do Botafogo, com a camisa preta e branca e a estrela solitária. Estavam lá o urubu rubro-negro, a caixa de pó de arroz (à moda antiga, com esponja e espelho, da época da fundação do Fluminense), e o diabo com os chifres do América. No caso do Bangu, havia uma escultura do banqueiro do bicho Castor de Andrade, politicamente incorreta,[5] mas de fácil identificação com o público porque naquela época o contraventor estava à frente do clube de Moça Bonita e a grande imprensa cobria sua administração sem constrangimento.

A resistência à chuva foi histórica, mas há outro aspecto que merece posteridade. "O mundo é uma bola" foi o primeiro enredo de grande repercussão em que o futebol foi carnavalizado à altura de sua importância planetária. É claro que isso foi possível porque havia recursos materiais. Por outro lado, há mérito do criador, que evitou o lugar-comum de vestir as alas com uniformes de times e usar as bandeiras como alegorias de mão.[6] Se o país para para ver a seleção jogar, famílias cultuam a paixão por seus clubes de geração a geração e jogadores são celebridades mundiais, as alegorias e fantasias precisavam refletir tamanha grandeza.

---

[5] A escultura de um banqueiro de bicho numa alegoria certamente causaria mais reserva hoje, quando a corrupção é nervo exposto da crise brasileira, do que em 1986. Na década de 1980, contraventores davam entrevistas sobre carnaval, frequentavam a alta sociedade, e Castor de Andrade recebia em seu camarote Pelé, o juiz Álvaro Mayrink da Costa, o cineasta Cacá Diegues e a atriz Betty Faria — registravam jornais. O chefão da Mocidade Independente e do Bangu inclusive foi entrevistado no programa de Jô Soares, em março de 1991, logo depois que sua escola foi bicampeã. Falou sem constrangimento da ligação de seus antepassados com o jogo do bicho, ressaltando, com ironia, que naquele momento não tinha mais vínculo com a contravenção. A plateia riu, inclusive no momento em que o bicheiro narrou um episódio que ilustra o medo que tinham dele: assaltantes invadiram sua mansão, mas foram embora ao constatar quem era o dono da casa. A prisão da cúpula do jogo do bicho por formação de quadrilha em 1993, por decisão da juíza Denise Frossard, começou a mudar a percepção da sociedade. Além disso, a Beija-Flor é comandada pelo bicheiro Aniz Abraão David. Portanto, a incorreção política não era apenas de Joãosinho Trinta, mas do contexto em que ele produziu o desfile.

[6] Exemplo disso foi o lamentável desfile da Tradição em 2003, em homenagem a Ronaldo Fenômeno. As alegorias mal tinham decoração além de bandeiras e taças e várias alas passaram vestindo uniformes sem ornamentação alguma que os caracterizasse como fantasias.

Mesmo carnavalescos de talento reconhecido não conseguiram evitar a saída mais fácil (e óbvia) dos uniformes e bandeiras. Arlindo Rodrigues fechou assim o inesquecível — e campeão — enredo da Imperatriz em 1981, em homenagem a Lamartine Babo, autor dos hinos dos clubes cariocas. Todo mundo entendeu do que se tratava e o estilo despojado não comprometeu. Tinha tudo a ver, porque o compositor fez inúmeras marchinhas e foliões vão ao baile com a camisa do time de coração. E naquela época as torcidas organizadas cantavam os sambas-enredo no Maracanã. De qualquer forma, não foi preciso muita transpiração para desenhar o figurino.

Tampouco o abre-alas da Beija-Flor em 1986 foi original, mas a reprodução da Azteca, a bola oficial da Copa do México. Preta e branca e quase toda de material opaco, ela se destacava entre fantasias e alegorias muito ornamentadas, coloridas e brilhantes (foto 13 do encarte). Tinha estética limpa em meio à explosão barroca das escolas de samba, e em especial a Beija-Flor.

O destaque Jésus Henrique vinha na frente, mas sua fantasia tinha um resplendor[7] pequeno, facilitando a visão do que estava a seguir. Era preciso que a Azteca se destacasse e despertasse o sentimento da torcida, que mal via a hora de a seleção entrar em campo e buscar o título que escapara em 1982, numa derrota que só não fora mais sofrida do que a de 1950.[8]

---

[7] Ornamentação vertical presa na parte de trás da fantasia que lembra a auréola dos santos.

[8] A seleção de 1982 até hoje é apontada como uma das melhores que o país já teve, um exemplo do futebol-arte e do melhor estilo ofensivo. Sua derrota para a Itália deixou a torcida melancólica. Para 1986, o técnico era o mesmo, Telê Santana, e parte dos jogadores se mantivera.

A bola tinha tudo para ser a imagem do carnaval de 1986. Só que o temporal encheu jornais e TVs de fotos e vídeos de gente sambando com água pelas canelas. Cenas que não estavam no roteiro, mas entrariam para a história da escola em lugar de honra. Lena Frias não poderia dar a entender que a Beija-Flor tinha medo de sujar a roupa.

E SE FOSSE CAMPEÃ?

O título da Beija-Flor consagraria o casamento de duas paixões brasileiras que, até 2017, não resultaram em vitória na Sapucaí. Em 1995, a popularidade do time de maior torcida do Brasil não impediu que a Estácio ficasse em sétimo lugar com o enredo "Uma vez Flamengo". Mas, como ninguém no carnaval ignora Joãosinho Trinta, "O mundo é uma bola" virou referência de que, como quase todos os assuntos, o futebol pode ser ilustrado por carros alegóricos e fantasias de impacto visual, embora tenha uma estética limitada à primeira vista.

Aliás, uma das alegorias mais bonitas que a Sapucaí já viu foi uma escultura de Netuno de espuma no enredo da Unidos da Tijuca sobre o centenário do Vasco da Gama em 1998: tinha cabelo e barba imensos e expressão fantasmagórica, numa criativa representação do quanto era dramática a travessia do oceano no tempo dos Grandes Descobrimentos. O carnavalesco Oswaldo Jardim chamou seu enredo de "De Gama a Vasco, a epopeia da Tijuca" e o dividiu em duas partes: a saga do navegador português e a do clube da cruz de malta. Mas a escola, surpreendentemente, foi rebaixada.

A ostentação da Beija-Flor em 1986 causou impacto, mas não surpresa, porque ai de Joãosinho Trinta se não fosse assim. A plateia ia para a Sapucaí nessa expectativa. Já os brios dos componentes nem todo mundo notava. Talvez por estarem impressionados demais com as fantasias e alegorias. Foi preciso chover para que se percebesse o que já se manifestara muito antes daquele carnaval.

Os sambistas de Nilópolis não tiveram outra opção para ascender além de mostrar disposição atlética. Na metade da década de 1970, quando a Beija-Flor deu a partida em seu projeto de ser grande, o carnaval do Rio já tinha uma elite solidamente estabelecida: Portela, Mangueira, Salgueiro e Império Serrano monopolizavam o título de campeã havia quarenta anos. Superar a hegemonia das quatro grandes exigiria grande investimento, e a crônica carnavalesca da época registrou corretamente como o dinheiro do jogo de bicho foi suporte material. Mas não destacou que o desafio de se consolidar no topo despertava o ânimo dos componentes.

A Beija-Flor não podia ficar na zona de conforto em que as tradicionais descansavam. E não ficou. Sobrava disposição, inclusive para superar a si própria. Em seus primeiros dez anos depois da vitória inédita em 1976, mais de uma vez os componentes precisaram "enfrentar" sambas-enredo piores do que os de suas adversárias. Enquanto nas escolas de maior tradição musical a trilha sonora motivava os sambistas, em Nilópolis muitas vezes cantar em alto e bom som não era necessariamente um prazer, mas demonstração de disciplina e comprometimento.

O campeonato em 1986 talvez mudasse o comportamento de Joãosinho. Vencedor com um desfile em que a empolgação foi evidente, ele ficaria menos irritado com as críticas dos puristas de que só ganhava por esbanjar dinheiro e deixava de lado valores tradicionais como a música, a dança e o ritmo. Poderia não ter a ideia de responder aos desafetos em 1989 com "Ratos e urubus... larguem minha fantasia", em que mostrou que sabia causar forte impacto visual usando o lixo como matéria-prima. E a Sapucaí não veria o que muitos dizem ser o maior desfile de todos os tempos. Há males que vêm para bem.

6
Quer que eu desenhe?

BEIJA-FLOR, *"Ratos e urubus... larguem minha fantasia"*, 1989

Fernando Pamplona era sorridente, bom de papo e encantava quem ouvia suas histórias, principalmente depois de algumas doses de uísque. Mas se havia algo que tirava o humor do mestre de todos os carnavalescos era ver uma fantasia com algo escrito. "Ala com legenda!!!", bradava na mesma hora, irritado.

Coisa de professor de belas-artes que perdia a paciência com alunos que esquecem o básico: fantasias e alegorias devem dar o recado com imagens, e não com texto. É o bê--á-bá. Explicando, sem medo de ser simplório: se o enredo fala de paz, que se usem pombas brancas, em vez de pôr a palavra numa faixa; se é amor, corações; homenagem a um cantor ou compositor, estampa de notas musicais, e assim por diante.[1]

---

[1] Pamplona estava certo ao chamar a atenção para a diferença entre linguagem visual e escrita, mas é necessário lembrar que usou no Salgueiro estandartes com inscrições para marcar as divisões do enredo como se fossem atos de uma ópera. Um recurso válido para facilitar o entendimento que não pode ser confundido com a preguiça criativa de quem não acha uma imagem compreensível para representar algo e se acovarda estampando uma palavra na fantasia.

Mas uma de suas maiores emoções foi uma alegoria, de 1989, que perderia a graça se não tivesse um texto anexo. A faixa "Mesmo proibido olhai por nós!..." na escultura do Cristo Redentor coberta por um plástico preto era indispensável naquele momento (foto 16 do encarte). Quando a Beija-Flor entrou na Sapucaí, na manhã de terça-feira, vinha, desde a quinta-feira anterior ao carnaval, num embate com a Arquidiocese do Rio de Janeiro, que foi à Justiça para impedir a exibição de imagens religiosas na Sapucaí. De início, o arcebispo do Rio, Dom Eugenio Sales, tentou contato com a escola de Nilópolis e a Tradição, que também trouxe um Cristo. Depois endureceu, entrando com uma ação cautelar na Justiça.

Rádios, TVs e jornais acompanharam cada lance, e a edição de *O Globo* de segunda-feira, 6 de fevereiro, trazia reportagem dizendo que diretores da Beija-Flor pensavam em camuflar a escultura do enredo "Ratos e urubus... larguem minha fantasia", de Joãosinho Trinta.

A comunicação da escola foi eficiente. Na briga com a Cúria, a maioria do público ficou ao seu lado, e isso criou uma empatia favorável a um desfile excepcional. O enredo falava do lixo do país e era ilustrado com fantasias rasgadas, restos de outros carnavais e objetos (cenográficos ou não) jogados fora. Surpreendente e de um impacto visual mil vezes mais forte do que as tradicionais plumas e os paetês. Era uma resposta a quem achava que seu estilo luxuoso era excessivo e fruto apenas de dinheiro farto.[2] Uma reação visceral, intensa

---

[2] O carnavalesco foi tricampeão na Beija-Flor em 1978 fazendo alegorias, adereços e fantasias com boias de isopor e bacias de metal muito usadas por famílias de baixa renda naquela época. No bicampeonato no Salgueiro, em 1975, decorou um carro com pratos de bolo de papelão e bacias de plástico, também de largo consumo popular.

e extremada, que não pode ser explicada em poucas palavras nem de forma ligeira. Vale, portanto, prestar atenção à reflexão do jornalista Alan Diniz,[3] em entrevista ao autor.

"João argumentava, em vão, que usava materiais baratos e os fazia reluzir tal qual ouro. Em 1989, ele radicalizou e expôs justamente esse processo. Trouxe o lixo para a cena, a reciclagem, o pano rasgado, o tecido vagabundo. Expondo as mazelas das quais o enredo tratava, desmistificou seu próprio processo de criação, revelando como um material barato podia causar impacto. Outro aspecto é a própria construção do enredo. João fez uma forte crítica social, arrancando as máscaras, desnudando as aparências. O desfile mostrava o lado do avesso da sociedade, apontava como, nos mais diversos setores (religião, política, economia, entre outros), há uma podridão escondida sob a falsa capa da moralidade e justiça (foto 18 do encarte). Por isso, concebeu alegorias e fantasias com um luxo aparente, mas que, quando olhadas de perto, expunham fissuras, rasgos, queimaduras, pedaços quebrados. Usou a metalinguagem para reforçar o seu discurso. Além disso, a entrada da escola com um grande cortejo de mendigos provocou impacto estético e simbólico jamais visto na Sapucaí. Na expectativa de mais um desfile com o luxo característico, o público foi surpreendido pela sujeira, pela vida real invadindo a avenida. É como se a miséria dos arredores do Sambódromo tivesse finalmente chegado à pista de desfiles."

Ou seja, cansado de tentar ser compreendido por palavras, o carnavalesco criou com o lixo fantasias e alegorias que

---

[3] Diniz é um dos autores de *As três irmãs: Como um trio de penetras arrombou a festa*, sobre Mocidade, Imperatriz e Beija-Flor.

mostravam que seu sucesso não era mera expressão de poder econômico. Como alguém que, irritado com o interlocutor incapaz de entender, pergunta: "Quer que eu desenhe?"

Se Joãosinho estava mordido, os componentes pareciam ainda mais motivados a calar os críticos: cantaram e dançaram com uma empolgação impressionante. Sinal de que ele despertou a empatia de toda Nilópolis e ganhou mais de três mil aliados para seu projeto pessoal de ir à forra. Pessoal, mas igualmente coletivo. Não só porque o carnavalesco sabia envolver sua comunidade, como também porque o país ia mal demais e muita gente queria vomitar a indignação. Em 1989, o último ano do governo Sarney, a inflação oficial em janeiro fora de 70,28%. Se a tradição de enredos épicos distantes do dia a dia é forte, tão potente foi denunciar a miséria brasileira naquele momento. E a proibição da Arquidiocese lembrava a censura que o país (e a imprensa) mal acabara de deixar para trás. Pela sintonia com a atualidade, foi um desfile jornalístico.

A Beija-Flor de 1989 foi tão excepcional que teve méritos fora do alcance dos critérios de julgamento. Para aferir a indiscutível superioridade musical de "Liberdade! Liberdade! Abra as asas sobre nós" (de Niltinho Tristeza, Preto Joia, Vicentinho e Jurandir), da campeã Imperatriz, sobre "Ratos e urubus... larguem minha fantasia" (de Betinho, Glyvaldo, Zé Maria e Osmar), havia o quesito samba-enredo. Mas que jurado especificamente teria a obrigação de expressar com números o frisson causado pelo Cristo Mendigo? Como dar nota ao que extrapolava as qualidades que se exigiam de um desfile?

O 9 do jornalista João Máximo ao samba foi compreensível porque o da Imperatriz era bem melhor. Da mesma forma,

122

fez sentido dar 10 ao enredo da vencedora — que contava de forma didática e convencional, com início, meio e fim, como foi a Proclamação da República —, assim como às belíssimas (e clássicas) fantasias e alegorias criadas por Max Lopes.

A escola de Ramos recebeu 10 de cabo a rabo, enquanto a Beija-Flor levou três 9, um em samba-enredo, um em evolução e um em conjunto, que seriam ignorados, de acordo com o regulamento, porque haviam sido as notas mais baixas entre os três jurados de cada quesito. Mas, por esse critério, as duas empataram em primeiro, com 210 pontos. Foi preciso, então, considerar as notas descartadas para decidir o título.

E assim a azul e branco de Nilópolis chorou, vice-campeã e com a solidariedade de meio mundo que vibrou com seu desfile e esperava a vitória. Na pesquisa do Ibope para a TV Manchete, a escola de Joãosinho Trinta venceu com 9,5, seguida pela União da Ilha, que teve 9,3. A Imperatriz foi a sétima colocada na preferência do público: 8,6. O resultado saiu na capa do *Jornal do Brasil* da Quarta-Feira de Cinzas.

De início, acharam que Máximo havia derrubado sozinho a Beija-Flor porque o quesito que ele julgou era o segundo no mapa de julgamento. Como em bateria, o primeiro, a campeã e a vice tiveram três 10, ficou parecendo que a mão pesada do jornalista decidira o título. Mas se sua nota tivesse sido 10, o resultado seria o mesmo porque dois outros jurados deram 9 à azul e branco, em evolução e conjunto, respectivamente. O jornalista levou a culpa de maneira injusta.

Esse foi apenas um mal-entendido entre outros. Ao ser entrevistado pelo *Jornal do Brasil* na edição de 9 de fevereiro, o próprio Máximo achou que tivesse sido o único carrasco: "Só lamento que este detalhe tão pequeno tenha decidido o carnaval, já que o desfile da Beija-Flor foi fantástico." Mesmo assim, durante anos seus amigos o questionaram como se ele não tivesse gostado do espetáculo: "Foi sensacional, como o Joãosinho Trinta sabia fazer. Mas o meu quesito era o samba--enredo", conta ele.

A análise das notas do jornalista revela um julgador criterioso. Além da Imperatriz, ele deu 10 à União da Ilha e à Vila Isabel, da mesma forma que os outros dois jurados do quesito, Ery Galvão e Hilton Prado. O samba da escola de Martinho, "Direito é direito", de Jorge King, Serginho Tonelada, Fernando Partideiro, Zé Antonio e J. C. Couto, de fato foi um dos mais bonitos de 1989. E "Liberdade! Liberdade! Abra as asas sobre nós" e o insulano "Festa profana", de J. Brito, Bujão e Franco, passaram pelo filtro da história e tornaram-se clássicos. O primeiro virou tema de abertura da novela *Lado a lado*, da Rede Globo, em 2012; o segundo (conhecido pelo refrão "Eu vou tomar um porre de felicidade") foi reeditado pela Unidos do Porto da Pedra em 2005 e embala a torcida no Maracanã desde a primeira edição. Portanto, não faz o menor sentido escolher para bode expiatório João Máximo, profundo conhecedor de música e um dos melhores textos da imprensa brasileira.

Mas a polêmica não envolveu pura e simplesmente a qualidade musical. Máximo não gosta de refrões eufônicos (incluídos só por causa da sonoridade das palavras, para empolgar, mas sem descrever o enredo). Por isso, criticou o "Leba larô, ô, ô, ô/ Ebó lebará, laiá, laiá, ô" da Beija-Flor e respondeu assim ao questionamento do *JB* sobre o fato de se tratar de uma africanidade: "Uma escola não pode colocar milhares de pessoas na avenida cantando sem saber o quê. Esse negócio de africanidade nas letras é uma babaquice."

Hoje, o jornalista se arrepende da entrevista. Em meio à indignação da derrota, foi tachado de racista e no Desfile das Campeãs a Beija-Flor levou três bonecos caracterizados como Judas representando o trio que lhe tirou pontos. Ficou deprimido com tal reação: "Eu deveria ter falado apenas da qualidade musical."

Máximo foi mal-entendido, mas também entendeu mal. Parte da plateia certamente não sabia o que queria dizer "Leba larô, ô, ô, ô/ Ebó lebará, laiá, laiá, ô", mas aquelas palavras faziam todo o sentido no contexto. Não foi uma escolha aleatória, apenas pela sonoridade. Na presença do seu parceiro Glyvaldo (Alencar Santos), Felisberto da Silva, o Betinho, conta como os quatro autores (Zé Maria e Osmar já são falecidos) decidiram incluí-las. Em palestra aos compositores para explicar o enredo, lembra, Joãosinho disse que levaria à Sapucaí três pombajiras, entidades da umbanda ligadas à sexualidade e à vida mundana, mulheres dos exus. Elas sairiam na frente e voltariam em sentido contrário assim que chegassem ao fim da pista. Seriam as únicas autorizadas a fazer isso e teriam destaque porque integram o chamado povo de rua na umbanda. Tudo a ver, porque "Ratos e urubus... larguem minha fantasia" falava dos mendigos, gente que vive ao relento e cata o lixo que inspirou o carnavalesco.

Betinho pediu ajuda à sua cunhada umbandista para saber mais sobre o assunto, e ela recomendou uma conversa com seu pai de santo: "Eu já tinha uma ideia porque toquei atabaque em centro de macumba mas nunca cheguei a ser ogã. Ogã precisa ser feito [iniciado no culto]. Perguntei ao Pai Lula como se chamava a rainha do povo de rua e ele me disse 'leba'. Me disse que 'larô' é a saudação às pombajiras, e 'ebó' é a comida delas e dos exus. E que a cidade da rainha do povo de rua é Lebara. Juntei tudo e fiz o refrão", diz Betinho.[4]

A plateia da Sapucaí não é formada só por adeptos da umbanda e do candomblé. Mas os cultos afro-brasileiros são matrizes das escolas de samba. Fundadores das primeiras agremiações eram fiéis e diversos pais e mães de santo tiveram papel fundamental nos primórdios do batuque, sendo a mais importante delas Hilária Batista de Almeida, a Tia Ciata.

Palavras usadas em rituais afro-brasileiros, portanto, não podem ser consideradas corpos estranhos na avenida. Da mesma forma que termos em francês num desfile de moda ou em inglês num show de rock. Se nem todos compreenderam o refrão, é o caso de se perguntar se é adequado escolher para jurado alguém sem conhecimento de tais religiões.

---

[4] As palavras citadas pelo compositor constam do *Dicionário Houaiss da Língua Portuguesa* com sentidos e grafias semelhantes ou próximos de sua descrição. A saber:

— Leba: "vodu que nos candomblés jejes e jejes-nagôs corresponde ao Exu iorubá."

— Laroiê: "no candomblé e em ritos afro-brasileiros afins, saudação que se dirige a Exu."

— Ebó: "oferenda a Exu realizada como agradecimento ou como convocação."

— Elegbará: "epíteto us. junto ao nome de Exu."

O fato de nem todos os termos coincidirem exatamente com a narrativa do sambista não permite dizer que o refrão tenha conteúdo aleatório, porque as palavras podem sofrer corruptelas, e há diferenças entre a forma como elas são pronunciadas num diálogo cotidiano, ditas como parte de liturgia e cantadas no carnaval. No caso do "laroiê" dicionarizado, também se diz "larô" com o mesmo objetivo. Há registro disso em outros sambas-enredo, como o da Acadêmicos de Santa Cruz ("Acima da coroa de um rei, só um Deus"), de 1984, que começava assim: "Já é zero hora/ Um novo dia se inicia/ Ô larô Exu, axé! Para seus filhos de fé". "Elegbará" é próxima de "lebara" e ambas são do campo semântico do chamado "povo de rua".

Os outros dois jurados alegaram falhas técnicas para punir a Beija-Flor. À coluna Roda de Samba, do jornalista Leonardo Bruno, do *Extra*, o ator Cláudio Cunha disse que tirou um ponto em evolução porque a escola abriu um buraco em frente à sua cabine. Por ocasião da morte de Joãosinho Trinta, afirmou que se soubesse que a agremiação perderia, teria dado 10. Pedro Ângelo, que julgou conjunto, alegou que as alas se embolaram na metade final do desfile. Ok. Mas que relevância tiveram essas supostas falhas diante do êxtase do conjunto da obra?

Se há controvérsias quanto ao refrão, ninguém tem dúvida de que o desabafo de Joãosinho foi bem entendido. O carnavalesco foi tão claro quanto um repórter deve ser ao dar a notícia. O sucesso da Beija-Flor em 1989 teve algo de jornalístico: polêmica, informação surpreendente, imagens de impacto e até legenda para a imagem do Cristo Mendigo. E a edição foi fundamental para a memória do desfile, no sentido de que alguns conteúdos foram destacados em detrimento de outros. Não por má-fé ou desejo deliberado de esconder algo desagradável e inconveniente aos interesses, mas porque editar é necessariamente selecionar.

Assim, o Cristo e o enorme grupo de mendigos à frente da escola ganharam fotos nas páginas dos jornais, longas tomadas na televisão e são presença obrigatória em retrospectivas porque foram a notícia surpreendente. Por natureza, a imprensa destaca o inesperado. Mas e o que mal é lembrado? Também diz muito do que foi "Ratos e urubus... larguem minha fantasia".

Depois da célebre entrada, Joãosinho Trinta foi o carnavalesco de sempre. E há uma clara delimitação entre os momentos em que ele surpreende e o instante em que se reafirma. A comissão de frente, o Cristo e o grupo de mendigos contrastam com a segunda comissão de frente, o carro "Sou na vida um mendigo, da folia eu sou rei" (trecho do samba) e outras alas, que vieram logo a seguir, feitos com sobra ou material retorcido para dar a impressão de usado, mas de aparência exuberante. A começar pela cor. Se no início predominaram o preto, o cinza e tecidos "encardidos" que criaram uma imagem dark e felliniana, logo em seguida reinaram o ouro e o azul (foto 19 do encarte). Não por acaso, a flor de lis dourada sobre fundo azul é associada à família real francesa — conveniente a uma escola que cantava o verso "Da folia eu sou rei". Não foi a primeira vez em que Joãosinho Trinta usou matéria-prima barata para dar aparência de riqueza. Só que, em 1989, de uma maneira mais evidente.

O luxo depois do lixo era caricato, frondoso e de encher os olhos, mas naquela sequência ninguém diria que a escola estava pesada ou com um visual carregado. O exagero era oportuno, porque ilustrava um enredo em que o contraste entre pobreza e riqueza precisava ser acentuado para que uma destacasse a outra.

Parte das fantasias da Beija-Flor de 1989 fez lembrar o desfile de 1979, quando o enredo "O paraíso da loucura" tinha figurinos disformes e exagerados para retratar a imaginação e a fuga da vida real. Dez anos depois, tecidos retorcidos, amassados e rasgados exerciam a função de deixar claro que aquela exuberância tinha sido construída com restos.

Não só o desenho mal definido das fantasias tinha algo em comum com 1979. Elas também traziam um dourado forte, exagerado mesmo, a ponto de saturar o olhar. E ambos os enredos se baseavam numa dualidade: enquanto "Ratos e urubus" brincava com o contraste entre luxo e lixo, "O paraíso da loucura" contrapunha sonho e realidade conforme fica claro na letra do samba de Savinho, Luciano e Walter de Oliveira: "Esqueçam os problemas da vida/ O trem, o dinheiro e a bronca do patrão/ Não pensem em suas marmitas/ E no alto preço do feijão/ Joguem fora a roupa do dia a dia/ E tomem banhos no chuveiro da ilusão".

Em 1979, fugir da realidade pelo sonho talvez fosse a única reação possível à dureza do regime militar. No fim do governo Ernesto Geisel, a Beija-Flor não poderia fazer uma crítica política direta. Primeiro porque o comando da escola era alinhado com os generais; segundo, porque agremiação alguma fazia isso. Nenhum enredo das escolas do Grupo 1-A tinha conteúdo que pudesse incomodar a ditadura. A saber: Imperatriz Leopoldinense ("Oxumaré, a lenda do arco-íris"), Unidos de São Carlos ("Das trevas à luz do sol, uma odisseia dos karajás"), Mangueira ("Avatar... e a selva transformou-se em ouro", sobre o cacau), União da Ilha ("O que será?", sobre a preparação do desfile, da escolha do enredo à hora de entrar na avenida), Salgueiro ("O reino encantado da mãe natureza contra o rei do mal", sobre a poluição, sem, contudo, criticar empresa ou governo algum), Mocidade ("Descobrimento do Brasil") e Portela ("Incrível, fantástico, extraordinário", sobre o próprio carnaval). Ainda que sem propor reação concreta alguma, a Beija-Flor foi a única que falou do "trem, o dinheiro e a bronca do patrão" e "no alto preço do feijão", constante no noticiário econômico na época.

Mas a crítica não perdoou a suntuosidade excessiva, o enredo escapista e todo o resto em 1979. No júri da Rede Globo, por exemplo, a Beija-Flor foi a penúltima colocada, com 65 pontos, de um total de 90, superando apenas a Imperatriz Leopoldinense, que somou 61.

Por que em 1989 o mesmo estilo foi tão elogiado e, dez anos antes, duramente criticado? Ora, primeiro porque "Ratos e urubus" foi um enredo muito mais substantivo, cheio de referências claras à vida real, como os carros "O lixo da política", com o formato do Congresso Nacional; "O lixo do sexo", com falos recobertos por camisinhas (referência aos cuidados contra a aids); um chafariz de praça pública de formato comum nas cidades brasileiras e o próprio Cristo Mendigo. Já "O paraíso da loucura" era quase todo uma expressão do imaginário. E, nesse sentido, cabiam fantasias sem forma definida e exageradas. Mesmo assim, o júri do Estandarte de Ouro não perdoou em 1979. "A Beija-Flor também foi prejudicada pelas fantasias muito grandes, inconfortáveis", disse Haroldo Costa. "Aquele amarelo... Deus me livre! E aqueles carros?", acrescentou Lygia Santos, para Costa complementar em seguida: "Muito pesados." Macedo Miranda Filho diria depois: "O visual, que era o forte da Beija-Flor, estava ruim este ano. Exagerado, pesado, grotesco".

Havia algo de exagerado, pesado[5] e grotesco também em "Ratos e urubus... larguem minha fantasia", assim como "aquele amarelo" forte voltou em 1989. Mas como as mesmas características foram aplaudidas num contexto e criticadas em outro? Ora, num enredo sobre mendigos e lixo, errado seria a Beija-Flor vir fantasiada dentro de algum rigor estético ou se

---

[5] O peso em 1989 foi mais estético do que físico. As fantasias permitiam aos componentes dançar à vontade, mas o visual era carregado.

enquadrar no conceito clássico de bom gosto. O luxo precisava ser excessivo, caricato e estereotipado na forma e no conteúdo.

Assim, em 1989, não só as alas e os carros tinham dourado forte e plumas como também traziam os clichês da riqueza, como candelabros, banquetes, fraque e cartola. Eram ricos de almanaque, e seus exageros criavam um visual exuberante e permitiam a Joãosinho Trinta fazer uma crítica ao desperdício das elites, ao exagero e à concentração de renda.

Se confundiu luxo com lixo, o desfile também é ambivalente porque ao mesmo tempo que explorou a força dramática da figura do mendigo, o extremo da pobreza, também reafirmou o fascínio pela riqueza. Por isso, é precipitado dizer que foi simplesmente um ponto fora da curva ou mesmo uma negação do estilo de Joãosinho Trinta.

Pentacampeão de 1974 a 1978, o carnavalesco conquistou títulos e admiradores na mesma proporção que despertou a ira dos conservadores, que o acusavam de abusar do poder econômico em detrimento da criatividade e de pôr em segundo plano ritmo, canto e dança, elementos tradicionais. Ele explicava que produzia uma aparência exuberante com material barato, mas nem todos o ouviam. Disse a frase "Povo gosta de luxo, quem gosta de miséria é intelectual" para alfinetar seus desafetos, mas parte da resistência a seu trabalho continuou.

"Ratos e urubus" foi feito para pôr um ponto final na cantilena. Um recado curto e grosso que foi entendido de imediato, a julgar pela reação dos narradores e comentaristas na transmissão do desfile pela televisão ao vivo. Na TV Globo, o "quem gosta de miséria é intelectual" foi citado pelo narrador Eliakim Araújo logo no início. Posteriormente, ele perguntou à comentarista Marília Carneiro sua opinião sobre as fantasias, alegorias e adereços e a figurinista respondeu: "Foi a melhor ideia que Joãosinho Trinta já teve. Foi provar que nem só de luxo vive o homem, ou melhor, uma escola. E ele brilhou mais do que com qualquer lantejoula ou paetê que ele jamais usou. Eu, por acaso, posso dizer como é difícil fazer o que ele fez. Mas é isso aí. Gênio é gênio. Agora, vocês não acham que um Cristo coberto fica muito mais forte do que um Cristo descoberto? Vai demorar muito para nascer outro Joãosinho Trinta." Ao falar de "qualquer paetê ou lantejoula que ele jamais usou", ela deu a entender que ele jamais utilizou tais recursos e que seus mendigos reluziram mais do que tais materiais brilhantes. Reconheceu assim que o carnavalesco tinha talento para causar impacto visual com matéria-prima barata.

Quando o cronômetro marcava trinta minutos, Eliakim pediu a opinião da cantora Leci Brandão na TV Globo. Ela consagrou o artista: "Olha a Beija-Flor aí de uma outra maneira. Ou seja, o irreverente, esse carnavalesco que a gente tem que respeitar porque a criatividade dele é um negócio fantástico, mágico, chamado Joãosinho Trinta [...] Ele incomoda um pouco com esse negócio que ele diz que gosta de luxo, que o carnaval dele é um carnaval rico. Pelo contrário, ele usa material barato mas ele sabe criar."

Tais comentários ao vivo deram o recado de Joãosinho a espectadores de todo o Brasil, possivelmente com grande audiência porque a escola entrou na Sapucaí às 6h48, quando a turma que não consegue ficar acordada a noite toda já estava desperta. Além disso, Leci Brandão era, entre os comentaristas da Globo, a mais ligada às ditas raízes. Não só por sua origem mangueirense, mas porque destacava a ligação das escolas com suas comunidades, a ponto de virarem folclore seus pedidos de bênção às baianas e aos demais veteranos.

Na TV Manchete, que transmitia o desfile em sistema de pool com a Globo, os comentários foram no mesmo sentido. Amigo próximo de Joãosinho Trinta, Fernando Pamplona manifestou no ar seu apoio ao carnavalesco desde os primeiros minutos. Leu a justificativa do enredo e em seguida disse: "É muita coragem do Joãosinho. Esse protesto do Joãosinho não é só em relação politicamente ao Brasil. É em relação também ao que fizeram com ele, com tanta criatividade, gastando pouco dinheiro, acusá-lo de ter introduzido o luxo no carnaval. Joãosinho saberá introduzir tanto o luxo quanto o lixo", afirmou Pamplona aos sete minutos.

Ao final, os comentaristas da Manchete foram unânimes quanto ao rasgo de genialidade que tinha acabado de passar. Mas eles deram a entender que havia riscos no julgamento oficial justamente por se tratar de algo excepcional, com virtudes que iam além do que os quesitos poderiam captar. "Rigorosamente uma obra-prima em matéria de desfile de carnaval. Eu poucas vezes senti vendo um desfile de carnaval o que estou sentindo agora. Uma emoção, uma coisa fantástica [...] Ultrapassa o carnaval, ultrapassa tudo [...] Uma obra de arte perfeita", disse Sérgio Cabral, que começou a assistir aos desfiles na década de 1950. "Esse desfile é um desfile histórico. É um desfile que vai marcar um momento importante na história do carnaval carioca. Vai se falar muito ainda no futuro deste carnaval de 89 [...] Não me lembro de ter visto em lugar nenhum, em momento algum, coisa tão bonita, tão criativa, tão a propósito, tão perfeita. Se o júri entendeu esse enredo, não tem pra mais ninguém", afirmou Haroldo Costa. "O[6] Beija-Flor colocou um outro parâmetro de julgamento porque ele acrescentou tudo o que tinha sido feito em matéria de qualidade em desfile de escola de samba com um toque realmente de gênio!", completou Albino Pinheiro.

Diante de tamanhas manifestações de regozijo, evidente que a derrota para a previsível Imperatriz foi água quente no chope. Esperava-se que o júri oficial registrasse nas notas todo o delírio que a Beija-Flor havia causado. Mas é o próprio discurso dos comentaristas da TV Manchete que traz indicações de que a escola de Nilópolis tinha qualidades que os quesitos em julgamento não alcançavam e, por isso, poderia perder. Ao exaltar a coragem de Joãosinho Trinta, Pamplona dava a entender que ele corria riscos. Quando Sérgio Cabral disse que o desfile ultrapassava o carnaval, admitia que havia atributos muito além da festa. Destacando que não teria para mais ninguém se o júri entendesse o enredo, Haroldo Costa admitia a possibilidade de incompreensão. Por fim, Albino Pinheiro falou em outro parâmetro de desfile, como se os existentes não dessem conta do que acabara de acontecer na Sapucaí.

Foram sagazes e, infelizmente, proféticos os veteranos comentaristas da TV Manchete, no conjunto mais experientes que os da Globo. "Ratos e urubus... larguem minha fantasia" foi um caso em que boa parte do frisson que causou estava não só no texto, mas no contexto. A começar pelo título do enredo, que tinha mais força quando entendido como desabafo

---

[6] O comum é se referir à escola no feminino. Mas há registros no masculino, como no samba-enredo "O grande decênio", de 1975, cuja letra dizia: "É de novo carnaval/ Para o samba este é o maior prêmio/ E o Beija-Flor vem exaltar".

e resposta incisiva de Joãosinho Trinta a seus críticos. Para bem captar o espírito do que o carnavalesco queria dizer, era preciso conhecer seu trabalho, sua carreira e seus embates com os defensores da tradição que, supostamente, ele estaria ameaçando. Sem isso, perde-se parte da mensagem.

Tantos mendigos num desfile de escola de samba certamente causariam surpresa. Mas, dado o histórico da Beija-Flor, eles impressionaram ainda mais o público. Seriam o avesso não só da azul e branco de Nilópolis, que se afirmara pelo estilo luxuoso, mas também da própria essência do desfile das escolas de samba,[7] que expressa a vitória de uma estética mais "limpa" e "disciplinada" em relação a outras vertentes da folia que foram colocadas em segundo plano mas nem por isso deixam de ser igualmente carnavalescas. É caso do entrudo, dos blocos de sujo ou dos bate-bolas, com sua agressividade visual e mesmo física.

Esfarrapados eram a última imagem que se esperava ver na avenida. Seja na Portela, Mangueira ou Império Serrano na década de 1950, quando cabeleiras brancas de fidalgos, capas e luvas compunham figurinos clássicos; ou no Salgueiro da década de 1960, em que as fantasias exaltavam a nobreza africana com alas portando lanças, elmos e estampas de animais selvagens. A ideia era fazer a catarse da pobreza com imagens que eram a sua negação.

Mas, no caso dos mendigos da Beija-Flor, o avesso era também a outra face da mesma moeda. E isso não é uma livre interpretação, mas uma compreensão do que o próprio

---

[7] A "sujeira" é parte da estética do carnaval desde sempre. Confronta-se com uma estética "refinada" numa disputa por espaço que se tornou explícita no fim do século XIX nas campanhas contra o entrudo.

Joãosinho afirmou antes do desfile. Ao jornal *O Globo* de 22 de janeiro de 1989, o carnavalesco deixou claro que a escola apresentaria o mesmo luxo e brilho que a caracterizavam. Dizia a reportagem que o enredo "pretende mostrar na avenida o contraste do luxo e do lixo, um protesto 'para chamar a atenção para o lixo físico e mental que está aniquilando o país'. Mas não pensem as pessoas que, por isso, a Beija-Flor vai deixar de lado o luxo e o brilho que sempre a caracterizaram. Não mesmo, garantiu Joãozinho, ressaltando que as roupas serão 'muito opulentas' porque os mendigos são assim, carregam sempre mais de uma bolsa, vestindo, em média, duas ou três roupas para compor seu visual" (foto 17 do encarte). "Nosso enredo é uma espécie de sublimação do luxo, e dessa reciclagem da Beija-Flor acho que vai surgir a tônica que existe no bojo das escolas de samba: o teatro e a interpretação. Vamos surpreender pela opulência dos restos", afirmou.

Danado, ele. Embora ninguém controle a forma como uma mensagem é recebida pelo público, o carnavalesco esteve perto disso. Sua intenção de dar ao enredo um caráter dramático, teatral, foi captada facilmente pela figurinista Marília Carneiro, que destacou na transmissão da Globo que as alegorias atingiram um nível felliniano. A comparação com outros expoentes do cinema (e da pintura) mundial também estava no debate do Estandarte de Ouro, publicado em *O Globo* na Quarta-Feira de Cinzas, no qual o jurado Bernardo Goldwasser comentou: "Considero este trabalho do Joãozinho Trinta do mais alto nível plástico, pois tem características surrealistas, semelhante ao que tanto elogiamos em [Salvador] Dalí e [Luis] Buñuel no célebre filme 'O cão andaluz'".

Logo em seguida Adelzon Alves completou: "No 'Viridiana', do Buñuel, também encontramos coisa parecida, na ceia dos mendigos."

Da mesma forma, sua capacidade de transgredir, mas ao mesmo tempo não dar a impressão de que pôs no desfile um corpo estranho, resultou em comentários como o de Roberto M. Moura no Estandarte de Ouro: "a transfiguração que ele realizou este ano derruba o mito de que ele só sabe trabalhar com luxo. Na realidade, o Joãozinho tem o absoluto domínio da linguagem carnavalesca."

Os comentários do Estandarte de Ouro ocuparam por inteiro as páginas 4 e 5 do caderno Carnaval/89 e sua publicação foi concebida para registrar as impressões do júri sobre todas as 18 escolas do Grupo Especial. Mas a Beija-Flor é o assunto de quase toda a página 4. Um documento e tanto do impacto que causou, porque os jurados não só expressam a forte impressão que tiveram, mas analisam rapidamente o que acabaram de ver.[8]

E o debate poucas horas depois do desfile chama a atenção para aspectos que análises posteriores, feitas com a vantagem do tempo de sobra para refletir, foram deixando em segundo plano ou mesmo omitiram. Um deles é que a genialidade de Joãosinho Trinta foi apoiada por uma escola de samba efi-

---

[8] O júri se reuniu na sede do jornal *O Globo* logo depois que o Império Serrano, a escola seguinte à Beija-Flor, fechou o desfile do Grupo Especial. Considerando--se o transporte e o tempo necessário para que o grupo se acomodasse, pode-se estimar um intervalo de quatro horas entre a apresentação da escola de Nilópolis e o início do debate. Houve, assim, pouco tempo para elaboração do pensamento, em meio ao cansaço após a passagem de 18 agremiações. Além de melhor escola, a azul e branco levou os prêmios de enredo, mestre-sala (Marco Aurélio) e personalidade (Joãosinho Trinta).

ciente nos segmentos com os quais o talento do carnavalesco não tinha relação direta, conforme destacou José Carlos Rego: "A fórmula usada pelo Joãozinho Trinta não chega a surpreender, pois ele já nos tinha dado trabalhos maravilhosos, como um perfeito dominador da técnica cênica. Por trás disso havia um belíssimo samba, a colaboração preciosa de Viriato Ferreira, um contingente espetacular, cuja força o Joãozinho Trinta soube galvanizar, começando por atrair as crianças. Não havia um só carro em que a garotada negra da Baixada, com seu entusiasmo e dedicação, não estivesse presente para passar aquela energia capaz de transformar uma ideia em emoção. Foi o gênio do Joãozinho, é certo, mas foi, além disso, uma obra da coletividade, preparada e consciente de que iria arrebatar a avenida [...] Ter esse contingente capaz de concretizar a ideia é que foi a vantagem inicial da Beija-Flor, daí meus parabéns à escola como um todo.[9] Sobretudo à bateria, que sustentou o mesmo andamento da concentração até o final. Mestre Pelé, Bitinha e Janinho estiveram perfeitos no comando, inclusive promovendo aquelas arriscadas e eficientes conversões de tamborim."

A página 4, com o título "Premiada a ousadia da Beija-Flor", traz um texto de introdução ao debate no qual se diz que "Para a vitória da Beija-Flor, muito contribuiu, segundo o júri, a ousadia de Joãozinho Trinta que, reunido à comunidade de Nilópolis, levou à Passarela do Samba o insólito, dentro de um enredo que marcará para sempre os desfiles de carnaval". E a derrota só contribuiu para transformar

---

[9] É surpreendente que a transcrição do debate não mencione Laíla, diretor de harmonia, no momento em que se refere ao canto, à dança e ao ritmo, expressões que o hoje diretor-geral de carnaval da Beija-Flor domina com maestria.

"Ratos e urubus" num marco histórico. O maior exemplo de que um júri orientado para punir falhas não tem parâmetro para premiar a genialidade e do abismo entre a emoção e os critérios de julgamento.

E SE FOSSE CAMPEÃ?

O título da Beija-Flor em 1989 seria um prêmio à coragem de sair do lugar-comum. A derrota para o estilo clássico da Imperatriz alimentou a ideia de que o júri da Liga Independente das Escolas de Samba é conservador, e é melhor não fugir do padrão para não perder pontos. Quantas ideias ousadas e interessantes não devem ser abortadas todo ano por medo da incompreensão dos jurados?

Se a escola de Nilópolis vencesse, portanto, talvez o carnaval não ficasse tão repetitivo. Poderia haver mais novidades para se contrapor às críticas de quem diz que "todo ano é a mesma coisa".

Mesmo assim, a originalidade não saiu de cena definitivamente. O próprio Joãosinho Trinta venceu na Viradouro em 1997, com um abre-alas quase todo preto, quando o convencional são cores vivas e muita luz. E Paulo Barros surpreendeu na Unidos da Tijuca com o Carro do DNA, em 2004. A derrota não matou definitivamente o desejo de inovar. Mas o ferimento foi grave.

7
A eterna nostalgia

PORTELA, *"Gosto que me enrosco"*, 1995

No dia 27 de outubro de 2012, portelenses se reuniram num evento no Centro Cultural Cartola (hoje Museu do Samba), na Mangueira, para cultivar a saudade que sentem do carnaval de 1995. Reviram o vídeo, ouviram o depoimento dos personagens, promoveram um debate e conversaram até não poder mais sobre o enredo "Gosto que me enrosco", do carnavalesco José Félix. Mais de cem pessoas compareceram, inclusive torcedores de outras escolas.

Não era data redonda, porque o desfile acontecera havia 17 anos, e tampouco a Portela fora campeã. Perdeu o título para a Imperatriz por meio ponto, mas a nostalgia não se justifica pelo resultado. Aquele carnaval não foi feito apenas para disputar campeonato, mas para emocionar os portelenses, turma narcisista, que fica feliz quando é fiel ao seu jeito romântico mesmo que não ganhe.

Está achando retórica vazia dizer que a Portela é romântica? Então, tome ciência de como as palavras "amor" e "coração" são citadas em "Foi um rio que passou em minha vida". E, na próxima roda de samba, repare como portelenses se comportam assim que ouvem os primeiros versos de Paulinho da

Viola: abrem os braços, alguns põem a mão do lado esquerdo do peito e — dependendo da quantidade de cerveja ingerida — até choram. Mais ou menos como um botafoguense da antiga quando fala de Garrincha e Nilton Santos.

Agora imagina como eles ficaram quando ouviram na concentração Paulinho da Viola em pessoa cantar o hino no aquecimento. O príncipe não desfilava havia 17 anos e sua volta representava o reencontro com a própria essência. No posto de madrinha de bateria, saiu Luiza Brunet e entrou Nega Pelé, passista de longa tradição em Madureira. Ser fiel à origem era uma meta tão importante quanto ganhar e também uma estratégia. Mas o grito de guerra do puxador Rixxa na largada traiu a ansiedade: "Vamos sair desse jejum, Portela!"

Em 1995, o fato de estar havia 24 anos sem ganhar sozinha já era questão mal resolvida para a escola até hoje detentora do maior número de campeonatos. Na transmissão da Rede Globo, o carnavalesco José Felix, em áudio gravado, afirmou que tinha certeza de que a azul e branco, uma potência, chegaria ao campeonato. Em seguida, o narrador Fernando Vanucci diria: "O último título da Portela, eu repito, foi em 1970. Em 1980, ela ficou em primeiro lugar, mas teve que dividir esse primeiro lugar com a Imperatriz e com a Beija--Flor." Ele tinha lembrado, no início do desfile, que no último campeonato absoluto o Brasil nem era tricampeão de futebol, já que a Copa do Mundo do México foi em junho, quatro meses depois do carnaval.

Não havia dúvida alguma de que o caminho para vencer era apostar no estilo clássico tão certeiro em outros tempos, mas sem parecer démodé. Nem quando veio com "Cerimô-nia de casamento" (1993) e "O segundo casamento de Dom

Pedro I" (1964) a Portela foi tão lírica quanto em 1995. O enredo falava do carnaval antigo, e foi-se ao fundo do baú, com um samba — de Noca da Portela, Colombo e Gelson — que dizia "Deixa Falar/ Deixou no peito a nostalgia" e "Dos bondes/ Ficou a saudade/ Ai, que saudade, do luxo das sociedades".

A permanência da folia de outrora estava também no grande número de passistas. Enquanto na Mocidade e na Imperatriz estes eram raros,[1] estavam à frente de todos os carros da azul e branco e caíram na farra, já que a melodia e o ritmo da bateria eram excelentes para quem sabe deixar o corpo responder à música.

"Gosto que me enrosco" era uma história do carnaval carioca inspirada no título de um samba malicioso de Sinhô, do início do século passado, com o seguinte trecho: "Deus me livre das mulheres de hoje em dia/ Desprezam um homem só por causa da orgia". Pouco a ver com a lírica agremiação. Mas caiu bem porque ela gosta que se enrosca mesmo é de si mesma.

O passeio começava em 1641, quando, dizia o enredo, o Rio comemorou, a partir de 31 de março, a Restauração de Portugal depois de 60 anos de União Ibérica (1580-1640), período

---

[1] Em 1995, reconheciam-se os passistas como elementos importantes da tradição, mas já havia a percepção de que suas exibições individuais eram inconvenientes ao fluxo do desfile. Sobretudo na Mocidade e na Imperatriz, então exemplos de eficiência. Suas apresentações exigiriam que a escola, por alguns instantes, evoluísse mais lentamente ou mesmo parasse, algo impensável na luta contra o relógio. De lá para cá, eles tiveram seu espaço reduzido e hoje se concentram na "Ala de passistas", no mínimo um erro de conceito: passistas são solistas, enquanto ala pressupõe a uniformidade de todos os componentes na dança e na fantasia.

em que nossa antiga metrópole foi anexada pelos vizinhos espanhóis. Considerada o primeiro carnaval carioca, a celebração foi representada pela segunda alegoria — a primeira era a águia — e lembrava a farra ordeira que tomou conta da cidade, com desfiles militares, disputas entre cavaleiros, jogos e teatro.

José Felix tomou como marco inicial do carnaval do Rio a mesma festa que o enredo do Salgueiro lembrou em 1965. Tanto que a comissão de frente da vermelho e branco na década de 1960 foram as "burrinhas que imagem, para os olhos um prazer", celebradas pelo sambão do Império Serrano de 1982 ("Bum bum paticumbum prugurundum"), de Aluisio Machado e Beto Sem Braço. Só que elas não representavam burros, e sim cavalos. Seu nome é uma referência ao formato da fantasia: uma armação em formato de quadrúpede em que o folião se encaixa no espaço vazio correspondente ao dorso do animal. A estrutura é presa ao corpo por alças penduradas nos ombros do componente.

A célebre fantasia que abriu o desfile do Salgueiro em 1965 representava a disputa de cavaleiros de 1641. E esta não era a única semelhança dos dois enredos. A Portela lembrou em 1995 uma longa trajetória que sua coirmã vermelha e branca celebrara trinta anos antes. Recordou igualmente o entrudo, os bailes de máscaras, o Zé Pereira, as Grandes Sociedades e o baile de gala do Theatro Municipal. E o livro que inspirou a escola tijucana, *História do carnaval carioca*, da jornalista salgueirense Eneida de Moraes, constava na bibliografia portelense.

A comparação é válida porque a fonte era a mesma; mas o sentimento, bem diferente. Um contraste que ajuda a entender melhor o espírito do tempo de 1995. Em 1965, a escola tijucana vinha de um campeonato, em 1963, e um vice, em 1964. E o livro de Eneida tinha sido lançado em 1958. Não havia motivo para os salgueirenses irem tão fundo na nostalgia porque não viviam de passado e eram competitivos. Tanto que foram campeões. Pela letra do samba, que contém a palavra saudade apenas uma vez, percebe-se que a intenção de descrever o enredo era mais forte do que o lamento pelos tempos que não voltam mais. E havia apenas uma menção ao próprio Salgueiro na composição de Geraldo Babão e Valdelino Rosa: "Salve o Rio de Janeiro/ Seu carnaval, seu quatrocentão/ Feliz abraço do Salgueiro/ À cidade de São Sebastião".

A vermelho e branco aparecia na letra sem exaltar a si própria nem saudosismo algum porque mandava um "feliz abraço à cidade", que comemorava 400 anos. Já o verso "A Portela não é brincadeira" era, em 1995, a reação de uma comunidade insegura às provocações. Um dos autores do samba, Noca da Portela conta que a ideia surgiu a partir do deboche do banqueiro de bicho Luizinho Drummond, da Imperatriz Leopoldinense: "Nós estávamos em Belém do Pará e ele me disse que, se eu tivesse intenção de ser campeão, deveria sair da Portela. E me convidou para ir para a escola dele. Nós estávamos virando galhofa e eu decidi dar uma resposta." A autorreferência também estava no refrão final: "Abram alas/ Deixa a Portela passar".

A vontade de responder à altura não era só de Noca. Todos compartilhavam o sentimento de que era preciso fazer alguma coisa para disputar o título. Combinar nostalgia com recursos contemporâneos. As antigas fórmulas, sozinhas, não davam resultado. A comissão de frente com a velha guarda já fora deixada de lado em outras escolas em 1993,[2] quando sambistas objeto de devoção da torcida à frente da águia não tiveram grande apelo para o júri oficial. Monarco, Wilson Moreira, Ary do Cavaco, Norival Reis, Jair do Cavaquinho e outros vestindo fraque, cartola e calça listrada azul e branca foram saudados com reverência pela imprensa, mas as notas no quesito foram 9, 9 e 9,5,[3] perdendo dois pontos e meio. Resultado: décimo lugar, assim como em 1990, até então a pior colocação desde a fundação.

A modernização, no entanto, precisava manter algum vínculo com a história. E o nome para isso era Jeronymo da Silva Patrocinio. Brilhante dançarino, ele tinha sangue azul e branco. Seu pai era Argemiro Patrocinio, integrante da Velha Guarda com músicas gravadas por Zeca Pagodinho e Beth Carvalho e CD produzido por Marisa Monte. Sua mãe, Jacira, o levava aos ensaios desde o tempo em que ele nem gostava de ir e ficava dormindo em cima de cadeiras enquanto a batucada varava a madrugada. "Papai não deixava que eu ficasse com ninguém quando mamãe ia à Portela. Assim que ela chegava à quadra, a primeira coisa que ele perguntava era 'Cadê o menino?'", conta.

Mas aquele garoto que, ainda bem pequeno, chamava a atenção de Natal da Portela com sua ginga nos ensaios na Portelinha, a antiga quadra, logo mostrou que voaria além

---

[2] A Portela já tinha modernizado sua comissão de frente antes, voltando ao formato tradicional em 1982.

[3] Na transmissão do desfile pela Rede Globo em 1993, Leci Brandão afirmou que era uma obrigação citá-los, um a um, e assim o fez. Sérgio Cabral disse que era o único momento em que deixava de lado a isenção de comentarista e lhes daria nota 10 sempre, porque a velha guarda da escola é "uma das coisas mais comoventes, mais emocionantes... o melhor retrato da Portela".

de Oswaldo Cruz e Madureira. Ao samba no pé de berço, juntou outras formas de dança em apresentações em casas noturnas, programas de TV e shows na Europa e no Japão. De passista premiado com o Estandarte de Ouro em 1978, tornou-se mestre-sala e depois passou a assinar coreografias de comissão de frente. A mais célebre foi a da Mocidade de 1991, quando homens de escafandro abriram o desfile com movimentos de quem anda no fundo do mar, já que o enredo era "Chuê, chuá... as águas vão rolar". Um sucesso. A escola de Padre Miguel levou o bicampeonato, enquanto a Portela amargou um sexto lugar, com a velha guarda na comissão de frente.

Ou seja, havia modernidade em Madureira. Mas era preciso deixar o santo de casa fazer milagre. Depois de coreografar alas para outras escolas e ganhar em 1993 o Estandarte de Ouro de melhor mestre-sala na Imperatriz, Jeronymo assumiu o cargo de guardião da bandeira e também a comissão de frente da Portela em 1994. Substituiu os veteranos por dançarinos mais jovens e imaginou uma performance para brigar com as adversárias. A escola melhorou um pouco o rendimento: perdeu dois pontos em comissão de frente, um em mestre-sala e porta-bandeira, e, no resultado geral, subiu de décima para sétima colocada, com o enredo "Quando o samba era samba", de José Félix.

Em 1995, a responsabilidade foi dobrada novamente. De seu desempenho dependeriam diretamente dois dos dez quesitos. E ele deu conta do recado. A Portela ganhou cinco notas máximas em comissão de frente e cinco em mestre-sala e porta-bandeira (foto 23 do encarte). Como duas eram descartadas (a mais alta e a mais baixa), ele garantiu 60 pontos num total de 299,5.

Tanto seu bailado com Andrea Machado quanto a apresentação que abriu o desfile de 1995 foram competitivos, mas com a velha altivez portelense: nada de movimentos bruscos nem contorcionismos vulgares, incompatíveis com o grêmio recreativo também conhecido como a Majestade do Samba.

Jeronymo modernizou a linguagem para expressar conteúdo nostálgico. A comissão de frente representava o triângulo amoroso colombina-arlequim-pierrô. As fantasias, do carnavalesco José Felix, eram à moda antiga, com capas, muitas plumas e predomínio do azul e branco, enquanto as adversárias mal respeitavam as cores da bandeira (foto 22 do encarte).

A águia estava de máscara, sedutora e pronta para o baile (foto 20 do encarte). O amanhecer ajudou a criar o clima envolvente que encantou a plateia e pôs a escola como favorita, ao lado da Mocidade (foto 21 do encarte). Ambas foram apontadas como as melhores na edição da Quarta-Feira de Cinzas tanto por *O Globo* quanto pelo *Jornal do Brasil*. Além de levar os Estandartes de Ouro de melhor escola, samba-enredo e puxador, a águia aparecia assim no caderno Carnaval 95 de *O Globo*: "Portela e Mocidade, as favoritas." Na capa do *JB*, a principal chamada era quase idêntica: "Mocidade e Portela são as favoritas".

A manchete do jornal *O Dia* foi mais incisiva: "A águia voa para o título". No subtítulo, "Beija-Flor, Salgueiro, Mocidade, Viradouro, Mangueira e Imperatriz ameaçam o favoritismo da Portela".

Apesar de reconhecer o mérito portelense, o *JB* elegeu sua concorrente. A crônica de Artur Xexéo na página 1 do Caderno B dizia que "quem foi à avenida não tem dúvidas: a legítima campeã do carnaval de 95 é a Mocidade Independente".

150

Da mesma forma, o júri do *JB*, com dez integrantes, deu a Padre Miguel a maior pontuação, num sistema em que cada um podia dar de uma bola preta (ruim) a quatro estrelas (excelente) e a Portela ficou com uma estrela a menos que sua adversária. Dois jurados, no entanto, consideraram a águia superior. "Fez a melhor apresentação, e merece ser a campeã. Sua comissão de frente foi a mais bonita. E seu samba também", disse Albino Pinheiro. "Para os remanescentes de carnavais mais líricos, [...] o melhor da festa aconteceu no domingo, com a Portela fazendo nos novos tempos, e no novo templo, um desfile digno de suas grandes tradições", afirmou Moacyr Andrade.

Na mesma linha foi Lygia Santos, que se emocionou a ponto de chorar e disse em *O Globo*: "A Portela se preocupou em transformar o enredo num poema romântico." Diferentemente de anos anteriores, o jornal não publicou o debate de seu júri, apenas um resumo das impressões e comentários isolados. Mesmo assim, há registro claro de que o perfil tradicional foi decisivo para a escolha. "Fidelidade ao samba dá o título a Madureira" foi o título da página 14 do caderno Carnaval 95, onde estava o texto sobre a premiação: "A Portela foi eleita ontem por folgada margem de votos a melhor escola deste ano pelo júri do Estandarte de Ouro de *O Globo*. Para os jurados, a Portela não apenas se manteve fiel ao verdadeiro samba, resistindo bravamente à sua 'marchização', como desfilou na avenida o que o carnaval tem de melhor: um excelente samba-enredo (categoria em que também foi premiada), um grande puxador (Rixxa, que garantiu o terceiro Estandarte da escola) e, principalmente, alma."

O grêmio recreativo fundado em 1923 buscou se adaptar à modernidade mas não tinha como fugir de si mesmo. Sua excelência estava na tradição musical e no figurino capa e espada. O tom nostálgico era perfeito para compor o drama do passado glorioso superado por uma adversária mais moderna. Um componente importante do idílio em que se tornaria a derrota por meio ponto. Narrativa tão previsível quanto uma piada pronta.

A comissão de frente continha melancolia, já que no triângulo amoroso o pierrô sonhador acaba chorando pela colombina, que é cortejada pelo arlequim "cínico, fanfarrão e brigão", assim descrito por Fátima Bernardes ao narrar na TV Globo a entrada da Portela. Uma das imagens mais bonitas da transmissão, com a águia ao fundo no nascer do dia.

O pierrô foi metáfora da própria Portela, derrotada por uma escola mais pragmática.[4] Quatro jurados — um de alegorias e adereços, um de conjunto e dois de evolução — deram 9,5 à azul e branco.[5] E três — samba-enredo, evolução e enredo — castigaram a Imperatriz com a mesma nota.

Mas algo não se encaixa na versão que contrapõe técnica e romantismo. A campeã não foi tão técnica assim. Pelo menos em 1995, quando um carro quebrou e não entrou na Sapucaí. Falha imperdoável para quem planeja ganhar com foco nos jurados. Ou seja, não foi bem dentro de sua proposta, enquanto a Portela cumpriu plenamente seu objetivo de emocionar.

---

[4] O conceito de "desfile técnico" se consolida nessa época, em que a Imperatriz foi bicampeã sem empolgar o público e evitando erros. No entanto, é curioso que em 1995 a escola tenha desfilado sem um carro, que quebrou, mas vencido mesmo assim.

[5] As notas só podiam ser fracionadas em meio ponto.

Como a escola de Ramos levou notas máximas em alegorias e adereços se um dos carros previstos no roteiro quebrou e nem entrou na avenida? Por que não foi punida no quesito conjunto, uma vez que faltou um elemento importante no espetáculo?

Em entrevista a Paulo Sérgio Marqueiro, em *O Globo*, Rosa Magalhães disse que a alegoria não fez tanta falta assim. "O problema no carro dos camelos abalou a sua confiança no título?", perguntou o repórter. "Eu estava preocupada, porque realmente a gente poderia perder ponto. Mas não era um carro tão importante. Se fosse o do jegue, que tinha o Renato Aragão, aí realmente eu ficaria arrasada. Além disso, tivemos sorte, porque ele quebrou logo no início do desfile, onde havia espaço para guardar o carro", respondeu a carnavalesca campeã.

Sua resposta faz sentido. Obviamente nem todos os carros têm a mesma importância para a história. Mas os camelos eram fundamentais, a ponto de estarem no título do enredo: "Mais vale um jegue que me carregue, que um camelo que me derrube... lá no Ceará". E depois, se uma alegoria pode ser dispensada, cabe perguntar por que foi criada. Não estaria sobrando no desfile? Seria um expletivo? Por que, dos cinco jurados de enredo, apenas um tirou meio ponto e os outros quatro deram a nota máxima? Como naquele ano a maior e a menor nota eram descartadas, na prática, a Imperatriz não perdeu ponto algum em enredo, mesmo não tendo apresentado uma alegoria prevista.

Portelenses espernearam no dia da apuração, quando os ânimos ficam exaltados e limitam a capacidade de argumentar. No entanto, mais de duas décadas depois, é pertinente questionar por que a Imperatriz ganhou em 1995. Em 2017, a falta de um elemento inicialmente previsto para o desfile da Mocidade causou imensa polêmica, levando a Liesa a rever o resultado mais de um mês depois de a Portela ter sido declarada campeã. O jurado de enredo Valmir Aleixo tirou um décimo da escola de Padre Miguel, alegando a ausência de uma destaque relacionada no roteiro que tinha em mãos. Como o documento estava desatualizado — houve uma nova versão, sem a componente —, a justificativa foi considerada inválida.

Com o décimo que lhe fora retirado, a Mocidade seria a campeã de 2017, empatando com a Portela no total de pontos mas desempatando no quesito comissão de frente, em que só teve notas máximas, enquanto a azul e branco perdeu um décimo. No entanto, a Liesa dividiu o campeonato entre as duas, numa decisão — tomada em reunião a portas fechadas — que sempre causará discussão.

A polêmica do resultado de 2017 envolveu argumentos de todo tipo, mas pouco se questionou se a ausência de uma pessoa teria tanto peso assim na avaliação geral da escola. Ainda mais que o jurado escreveu na justificativa que o enredo era "fantástico de grande densidade cultural sustentado pela circularidade narrativa dos Halakis. Porém, não apresentou o destaque de chão O esplendor dos 7 mares que executa função narrativa dentro do enredo, comprometendo assim sua leitura".

Se a ausência de uma destaque de chão entre mais de três mil componentes da Mocidade em 2017 mereceria punição de um décimo, o que dizer em 1995 da Imperatriz, que foi campeã sem uma alegoria, que quebrou? Um carro ocupa um

154

espaço na passarela muito maior do que um único componente e, pelo seu tamanho, tem muito mais relevância.

Imperdoável a Imperatriz não ter sido punida em 1995? Não necessariamente. Mais importante é fazer de tais episódios o ponto de partida para questionar o modelo de julgamento. Se a ausência de uma alegoria pôde ser perdoada porque se considerou que não fez falta ao conjunto, por que desde então o júri cada vez mais prioriza a constatação de defeitos em detrimento de juízos de valor estético? Registrar que a lâmpada de um carro não acendeu não é necessariamente uma avaliação artística. Em princípio, até um software poderia apontar tais falhas. Assim como no quesito evolução uma fotografia mostraria se o componente de uma ala invadiu outra ou se houve buraco, justificando a perda de pontos. Mas como premiar o mérito da escola que, apesar desses problemas pontuais, cantou e dançou com mais empolgação do que todas as outras?

No caso da Portela, em 1995, foi justamente a evolução que lhe tirou o título. Dos cinco jurados, três lhe deram nota máxima, e dois, 9,5. Um destes foi considerado, e a azul e branco somou 299,5, contra 300 da Imperatriz. Pena, porque os componentes da águia evoluíram com muito mais entusiasmo do que os da vencedora. Não se discute que, por maior que seja a animação, um buraco quebra a uniformidade do cortejo, assim como, por princípio, uma ala não deve invadir outra. Mas se todos os foliões mantiverem o tempo todo a mesma distância entre si e avançarem na pista em velocidade constante, estarão se movimentando dentro dos critérios de uma parada militar. Na Sapucaí, isso é um pressuposto desejável, mas o que faz a diferença é a empolgação, essência da festa.

Seja em 2017 ou em 1995, os corações dos jurados da Liesa não se deixam levar. Era o fim do sonho da Portela de voltar a ser campeã sozinha, o que não acontece desde 1970.

Um sofrimento para apaixonados como o presidente Luis Carlos Magalhães, que antes de chegar ao comando da escola foi diretor cultural: "A derrota de 1995 foi muito mais dolorida que a de 1979 [quando houve consenso quanto ao favoritismo]. A escola fechava 25 anos sem título soberano. O vice-campeonato de "Gosto que me enrosco" foi muito pior. Ali a crise da abstinência já se instalara. Para muitos, o maior carnaval da história moderna da escola. Seu mais bonito samba, a águia mais soberana, mais carnavalesca", disse ele em janeiro de 2016, antes de assumir a presidência.

Fazer o quê? Nem todo romance termina bem. Mas, um minuto depois do resultado na Quarta-Feira de Cinzas de 1995, bastou um torcedor entoar "Gosto que me enrosco" na quadra que a bateria acompanhou e todo mundo foi atrás. Não há jurado que tire a felicidade de ser portelense.

E SE FOSSE CAMPEÃ?

O título com uma apresentação tão vibrante talvez impedisse que o chamado desfile técnico virasse modelo. O bicampeonato da escola de Ramos reforçou a ideia de que só seria possível vencer evitando erros para não perder pontos. Empolgar o público passou a ser objetivo secundário. Assim, alas enfileiradas como paradas militares passaram a ser norma.

Seria injusto dizer, no entanto, que a Imperatriz era uma escola fria. As alegorias e fantasias da carnavalesca Rosa

Magalhães compunham um visual excitante, e havia curiosidades históricas e humor. Inclusive no título do enredo ("Mais vale um jegue que me carregue, que um camelo que me derrube... lá no Ceará"). Mas o controle sobre os componentes era rígido, inibindo a empolgação espontânea.

Campeã em 1995, a Portela poderia voltar a ser competitiva, já que títulos fortalecem as escolas para os carnavais seguintes. Quem sabe assim teriam sido evitados vexames como o décimo lugar consecutivo, em 2000 e 2001, e o penúltimo de 2005. E o carnavalesco José Felix teria conquistado o seu primeiro campeonato no Grupo Especial, um reconhecimento merecido.

Meio ponto teria capacidade de mudar a história. No caso do resultado de 1995, não é gratuito dizer que o campeonato tornaria a Portela mais forte e segura de si. Tanto tempo sem títulos e resultados vergonhosos deixam insegura mesmo uma escola convicta de sua identidade.

Não é, portanto, ilação irresponsável questionar se a azul e branco teria mesmo contratado Paulo Barros em 2016 se tivesse ganho da Imperatriz em 1995. Ao apostar no carnavalesco, que entrou para a galeria dos grandes artistas ao criar o surpreendente Carro do DNA na Unidos da Tijuca, em 2004, a escola dava sinais de que já não confiava tanto assim no seu estilo clássico.

Dessa forma, teve-se a impressão de que a escola em dificuldade recorreu a um carnavalesco moderno capaz de resgatá-la do passado. Em seu segundo ano em Madureira, 2017, ele conseguiu o título. A narrativa faz sentido e resolve a ansiedade da busca por uma explicação rápida. Mas quem prestou atenção ao desfile campeão da Portela em 2017 notou que o estilo Paulo Barros estava nas alegorias, mas as fantasias, criadas em parceria com Paulo Menezes, tinham a cara da Majestade dos bons tempos: muitas plumas, brilho e bastante azul e branco.

Desde a escolha do enredo, estava claro que o apelo à tradição era parte da estratégia para 2017. Inicialmente, o nome seria "Foi um rio que passou em minha vida e meu coração se deixou levar", trecho do hino de amor portelense. Mas, por questão de direito autoral, foi mudado para "Quem nunca sentiu o corpo arrepiar ao ver esse rio passar". Vinte e dois anos depois de "Gosto que me enrosco", Paulinho da Viola se mantinha trunfo e inspiração. O jejum de títulos trouxe insegurança, mas o espírito vive.

Paulo Barros não salvou a Portela da nostalgia eterna. Agregou seu valor a um estilo clássico que sempre terá apelo emocional e alguma capacidade de seduzir os jurados.

8
O coração sentiu o que
os olhos não viram

MOCIDADE INDEPENDENTE, *"Villa-Lobos e
a apoteose brasileira", 1999*

Ninguém pode dizer que aquela nota 7,5 em evolução foi um absurdo completo. A Mocidade Independente cometeu erro grave, em 1999, em frente à cabine onde estava o jurado Carlos Pousa, junto ao setor 3, e não tinha como ele alegar que não vira. "Quando faltavam os dois últimos carros, a pista ficou vazia. Não foi um buraco, foi um clarão enorme que se abriu à minha frente. Depois os dois carros e as alas passaram correndo", disse ele na ocasião a *O Globo*.

Além de evolução, a escola perdeu meio ponto em mestre-sala e porta-bandeira e bateria. Mesmo que Pousa lhe tivesse dado 10, não ganharia. Ficaria em terceiro, com 269 pontos, o mesmo que a Beija-Flor, mas o desempate em bateria favoreceria a agremiação de Nilópolis. A campeã foi a Imperatriz, com um desfile morno.

Padre Miguel assumiu a sua responsabilidade. Na edição da revista anual da escola para o carnaval de 2000, uma reportagem detalhava o drama de 1999: "A destaque Jussara Dian teve problemas com a fantasia e não conseguia entrar na gaiola do Carvalhão (guindaste) a fim de se posicionar num dos queijos [espécie de pedestal redondo] do carro nº 5, 'Regozijo de uma raça' [...] Enquanto isso, o carro n° 4, 'Alvorada da floresta tropical', e as alas que vinham logo após seguiam adiante. Abriu-se um buraco enorme, que ficou maior ainda à medida que a bateria entrou no recuo, obrigando que todo o contingente avançasse."

O mea-culpa foi parcial, porque a matéria julgava a mão de Carlos Pousa pesada demais. A radiografia do buraco vinha acompanhada de textos sobre o consenso na mídia impressa carioca em torno do favoritismo da Mocidade, apesar do erro: "Vários jornalistas destacaram a falha ocorrida entre os setores 1 e 3, mas ninguém imaginava que o buraco tivesse tamanha dimensão no mapa de notas. Geralmente, falhas são punidas com a retirada de meio ponto ou um ponto, no máximo. Faz parte da cultura dos desfiles."

Pobre de quem estava nos setores 1 (área de armação) e 3. Nos demais setores da Sapucaí, o público viu um grande espetáculo. Por que aquilo tinha que acontecer justamente com a escola mais bonita de 1999? Aquela que, disparado, apresentou as melhores alegorias e fantasias e enredo ("Villa--Lobos e a apoteose brasileira", de Renato Lage)?

Foi uma queda muito súbita do céu ao inferno, como deixa entender a justificativa de Pousa na revista da Mocidade. "Comentei com um companheiro que estava do meu lado julgando enredo: 'Essa arrebentou.' A reação do público ao desfile da Mocidade era magnífica. A escola estava animadíssima, todo mundo cantando. De repente, o desastre. Nunca vi nada igual. Pareciam dois desfiles, a primeira e a segunda Mocidades. A primeira, esplêndida; a segunda, nervosa, aflita, abrindo um buraco gigantesco à minha frente. O julgamento é comparativo. Até então, dera 8,5 à que cometera mais falhas.[1] A Mocidade apresentou mais erros ainda. Por isso levou 7,5."

Já nos quesitos que dependiam só do carnavalesco, não havia como tirar ponto. A Sapucaí já conhecia a clareza e a concisão de Renato Lage. Em 1999, essas capacidades seriam mais necessárias do que nunca porque ele — em parceria com Márcia, apaixonada por Villa-Lobos — teria que mostrar algo que não é evidente ao primeiro olhar: a obra do mestre da música clássica tem forte caráter popular.

O carnavalesco respondeu ao desafio com a mesma maestria do homenageado. Na alegoria inspirada na música "Trenzinho do caipira", uma maria-fumaça transitava ao redor de uma foto do protagonista na boca de cena do Theatro Municipal, enfeitada com cactos, misturando as estéticas popular e clássica. À frente, os músicos da orquestra estavam de cocar, já que o repertório do maestro é cheio de motivos indígenas (foto 25 do encarte).

Uma imagem perfeita para dizer como Villa-Lobos, assim como o trenzinho, ia ao popular e voltava ao clássico ou fazia caminho inverso com a maior facilidade. A Maria Fumaça parecia de barro, acentuando o caráter rústico. E o movimento tinha um belo efeito visual. Mais do que isso, ilustrava como a cultura não é algo estático e com divisões rígidas, porque autores e público sofrem influências diversas, têm múltiplas informações e circulam por vários ambientes. E a plateia próxima ao segundo recuo da bateria deu sinal de que entendeu

---

[1] Na verdade, 9 foi a nota mais baixa de Pousa sem contar a Mocidade, conforme consta no mapa de julgamento. Como depois de Padre Miguel ainda vieram a Beija-Flor e a Imperatriz, ele pode ter retificado ao fim do segundo dia de desfile o 8,5 de que fala na revista.

porque começou a gritar "É campeã!" justamente quando viu o carro do "Trenzinho do caipira".

O maestro percorreu em sua obra um Brasil desconhecido das grandes capitais, uma terra de natureza e sonoridade exuberantes que a Mocidade destacou. As alas e alegorias mostravam a grandeza da Amazônia, o artesanato do Nordeste, a mitologia indígena e a fauna que o inspiraram.

Eram fantasias tradicionais que deixavam claro que, dependendo da abordagem, a música clássica não é um corpo estranho na Sapucaí. Muito pelo contrário. Tanto que, em mais de oito décadas de desfiles, muitos pierrôs passaram na avenida, mas talvez nenhum tão bonito como o da Mocidade em 1999. Ele tinha a expressão melancólica realçada por uma lágrima e uma delicada máscara veneziana com desenho de borboleta (foto 26 do encarte). A alegoria entrou para a história da Sapucaí como um golaço de Renato Lage, não só pelo conjunto da imagem, mas também por um detalhe de sua confecção: a gola e o pompom na cabeça eram de copos descartáveis, material que o carnavalesco usa com grande habilidade. E a intenção inicial nem era essa. "Nós fizemos primeiro a gola de tecido, mas o resultado não ficou bom e aí parti para algo em que eu já tinha experiência", conta ele.

Um espetáculo, o pierrô! Mas o que ele tem a ver com o enredo? Tudo, porque a alegoria representava o Sôdade do Cordão, grupo de carnaval criado por Villa-Lobos em 1940. Ou alguém acha que Renato Lage cria alegoria bonita, mas sem informação relevante?

Nunca. E isso desde o início. Ele estreou no Salgueiro em 1977, mas nasceu para o carnaval em 1980, na Unidos da Tijuca, no Grupo 1-B (segunda divisão da época), ao criar todas as alegorias e fantasias[2] de "Delmiro Gouveia", de Paulo Cesar Cardoso. Foi a primeira vez que desenvolveu sozinho um enredo. São dois acontecimentos diferentes. A estreia pode ser uma efeméride, mas, por outro lado, fato isolado que não necessariamente inicia um processo; enquanto no nascimento, fatalmente, já estão presentes no DNA aquelas características que permanecerão a vida inteira. A escola do Borel foi a vencedora, e assim o artista já veio ao mundo campeão.

O pierrô da Mocidade em 1999 era bem maior do que as alegorias da Tijuca de 1980. Dezenove anos haviam se passado, e, nesse período, foi inaugurada a Passarela do Samba, em 1984, com arquibancadas mais altas. Em consequência, os carros cresceram. Os desfiles se sofisticaram e a escola de Padre Miguel tinha muito mais recursos que sua coirmã do Morro do Borel.

Eram circunstâncias completamente diferentes que o talento de Renato Lage aproximou. O desfile de 1980 é o embrião do carro do pierrô e de muitos outros que o artista criaria. Não só pelo uso de material surpreendente como também pela concepção das alegorias: ornamentação de bom gosto, sem excesso de informação e ilustração clara do conteúdo que se quer transmitir. O abre-alas da Tijuca em 1980 trazia a escultura de Delmiro Gouveia montado a cavalo, com chapéu semelhante ao da comissão de frente, devidamente abaixado, porque não seria cortês saudar o público com a cabeça coberta. O herói cearense era a única e dominante figura, e os demais elementos decorativos não desviavam o olhar do

---

[2] No Salgueiro, em 1977, ele fazia parte de um grupo sob o comando de Fernando Pamplona.

público. Pelo contrário, a ornamentação em forma de círculo parecia ter a função de destacar o personagem principal. Eram a moldura do quadro.

É claro que a alegoria de 1980 tinha esse aspecto não só por causa do estilo do carnavalesco. A Unidos da Tijuca não era a grande escola de hoje. Tinha menos dinheiro, seus carros eram menores e não traziam destaques que pudessem disputar a atenção com as esculturas. Mas, mesmo quando contou com muito mais recursos, ele nunca deixou o público perder de vista o que suas alegorias representavam.

Foi assim em 1999 no carro do pierrô, que tinha quatro destaques, decoração com brilho e um dispositivo que lançava confetes. A figura do pierrô, no entanto, era central e ocupava o maior espaço na cena. Uma constante no trabalho do artista em épocas, escolas e enredos diferentes.

O pierrô foi uma assinatura tão marcante de seu autor que o espírito de Fernando Pinto (que morrera em 1987) no desfile de 1999 era evidente, mas não forte a ponto de roubar a cena. Não se discute que "Villa-Lobos e a apoteose brasileira" teve a cara de Renato, apesar de o falecido carnavalesco da Mocidade ecoar em algumas imagens. E também em sons, porque o esquenta na concentração foi ao som de "Ziriguidum 2001", samba de 1985 (de Tiãozinho, Gibi e Arsênio), quando a escola venceu com enredo do gênio tropicalista.

Fernando Pinto disse presente no setor inicial do desfile. Impossível não pensar nele ao ver o abre-alas com jacarés de boca aberta, folhagens e índias de seios de fora (foto 24 do encarte) tão sensuais quanto aquelas do abre-alas de 1983, do enredo "Como era verde o meu Xingu". E como não associar as baianas de perucas compridas, representando as uiaras, a "Tupinicópolis", em 1987, quando também vestiram cabeleiras postiças, só que louras? Ou mesmo a "Mamãe, eu quero Manaus", de 1984, em que a cabeça multicolorida foi comparada, com ironia, à dos punks?

Os sinais de Arlindo Rodrigues, também falecido em 1987, não eram tão fortes, mas os mais sensíveis se lembraram dele ao ouvir os componentes cantarem o seguinte verso do samba de 1999: "O Uirapuru, a encantar de Norte a Sul". O pássaro estava no enredo porque seu canto foi registrado por Villa-Lobos em suas andanças pela Amazônia. Assim como o maestro, o antigo carnavalesco sabia quão importante era o pequenino rei da floresta. Tanto que tinha feito dele o protagonista da Mocidade em 1975 no enredo "O mundo fantástico do uirapuru".

Ao invocar o espírito de dois grandes carnavalescos ausentes, Renato Lage mostrou que não tem medo de assombração. Nunca teve. Tanto que sua estreia na Mocidade em 1990 foi com um enredo sobre a história da própria escola em que reproduziu o estilo de Fernando e Arlindo, ambos campeões e dos quais Padre Miguel morre de saudade.

Assim como até hoje os independentes se sentem viúvos do autor de "Villa-Lobos e a apoteose brasileira" desde que ele foi embora para o Salgueiro, em 2002.[3] E o puxador Wander Pires expressou a admiração da comunidade em 1999 ao dizer, duas vezes, "Renato Lage" entre um verso e outro enquanto cantava em plena Sapucaí.

---

[3] O carnavalesco e sua mulher, Márcia, ficaram no Salgueiro até 2017 e foram contratados pela Acadêmicos do Grande Rio para o carnaval de 2018.

O show de um artista com referências a outros dois igualmente talentosos novamente deu certo. Assim como em 1990, a escola foi aclamada em 1999. Por volta dos 55 minutos de desfile, Fernando Vanucci comentou na transmissão da TV Globo: "Surge o grito de 'É campeã!' pela primeira vez na Sapucaí." Depois ele se corrige dizendo que isso havia acontecido também antes de a Viradouro entrar e ao final do desfile da Grande Rio. Mas a aclamação a Padre Miguel foi maior.

O grito de "É campeã!" obrigou Vanucci a se retratar, porque até então ele insistia na tese de que o desfile era técnico, a exemplo dos carnavais campeões da Imperatriz naquela década. "Se faltou emoção no início, está sobrando no final", afirmou.

Vanucci deu uma de inocente. O encerramento de fato foi emocionante, mas houve uma grave falha técnica que ele — assim como a maioria do público — não viu. O enorme buraco que custou dois pontos e meio não apareceu na TV. A partir do momento em que a comissão de frente chegou ao meio da pista, onde estava a cabine da Globo, as câmeras passaram a priorizar o desfile em sua sequência, ala a ala, carro a carro, deixando de mostrar cenas da concentração. Por isso, quem assistiu à Mocidade pela TV ou afastado do setor 3 tem na memória uma apresentação perfeita.

Os jurados do Estandarte de Ouro não viram o buraco e deram a Padre Miguel os prêmios de melhor escola, enredo, mestre-sala (Rogério) e revelação (a porta-bandeira Nira). Seu camarote ficava próximo ao setor 9. No texto em que justifica a premiação, publicado na Quarta-Feira de Cinzas, não se menciona a falha técnica:

"Um show de brasilidade regido pela obra de um dos maiores compositores do Brasil. O enredo 'Villa-Lobos e a apoteose brasileira' foi, na opinião dos jurados, a alavanca para o desfile que garantiu à Mocidade Independente de Padre Miguel o Estandarte de Ouro de melhor escola do Grupo Especial do carnaval de 1999. O carnavalesco Renato Lage surpreendeu ao abrir mão de seu habitual show tecnológico, para apresentar um desfile simples, quase clássico, e perfeito. O trabalho do carnavalesco mostrou em alegorias e fantasias o Brasil pela ótica de Villa-Lobos, misturando — como fez o compositor — o popular e o clássico, como os integrantes da orquestra de cordas, vestidos de fraque e cocar, que tocavam o samba.

"Para os jurados, a escola se superou diante de um samba que não estava à altura do desfile, motivada pela excelente bateria do mestre Jorjão."

Criticada pelo júri de *O Globo*, a música dos compositores Santana, Nascimento e Ricardo Simpatia surpreendeu o jornalista Fábio Fabato, integrante do grupo Autofagia Independente e autor da sinopse do enredo de 2018: "O samba, muito bonito, empolgou a plateia de forma até improvável, já que, no CD, devido a uma gravação excessivamente dolente, parecia apontar para uma apresentação fria", afirma ele.[4]

Samba-enredo à parte, os jurados de *O Globo* elegeram a Mocidade porque à sua frente a escola passou sem buracos? Difícil dizer por duas razões: primeiro porque o Estandarte de Ouro não foi o único a se encantar por Padre Miguel; segundo, porque tem critérios diferentes do júri oficial. Pode ignorar uma falha técnica se achar que ela foi irrelevante diante do conjunto da escola. Foi assim, por exemplo, em

---

[4] Fabato é um dos autores de *As três irmãs: Como um trio de penetras arrombou a festa* (sobre Mocidade, Imperatriz e Beija-Flor).

2017, quando a Mangueira, que fazia um desfile arrebatador, abriu um clarão entre um carro e a ala à frente, mas levou o prêmio de melhor escola mesmo assim.

Na pesquisa do Ibope feita na Sapucaí, a verde e branca também venceu, com 9,7 pontos, empatada com a Viradouro. Uma diferença de seis décimos para o Salgueiro, o terceiro colocado.

Para o *Jornal do Brasil*, a apoteose brasileira do maestro também foi o melhor de 1999. "Mocidade tem mais chance", dizia a manchete da Quarta-Feira de Cinzas, seguida pelo subtítulo "Viradouro, Mangueira e Beija-Flor também disputam o título do carnaval". Da Imperatriz, dizia-se na chamada apenas que "não animou o público, mas tem chances".

Já o *Extra* estampou em sua capa a manchete "Mocidade com a mão na taça", acrescentando que os integrantes da verde e branco "saíram da Sapucaí com a mesma certeza do público que assistiu aos dois dias de desfile: esse carnaval já tem dono".

Na capa do caderno Cidade Carnaval 99 do *JB*, o texto de Fernando Paulino Neto minimizou os problemas técnicos: "Problemas de evolução no início do desfile e um carro que atropelou três integrantes da escola depois do encerramento não chegaram a comprometer." Mas, no geral, elogios rasgados: "Dez, nota dez para o desfile como um todo. A escola passou perfeita, com carros e fantasias cuidadosos e contando com criatividade o enredo." Quanto contraste com a avaliação que Marcelo Ninio fez da campeã oficial: "Mesmo com um belo samba-enredo, a Imperatriz não conseguiu entusiasmar. Ainda por cima, não repetiu a perfeição técnica de outros anos [...] O costumeiro cuidado da carnavalesca Rosa Magalhães com as alegorias este ano sofreu uma sensível queda. As baianas-borboletas chegaram a temer evoluções mais ousadas porque suas asas insistiam em cair."

Mas por que o buraco não impediu público e crítica de apostarem na Mocidade? Em parte porque houve quem o achasse um detalhe irrelevante diante de um conjunto tão bom. Mas também porque corações sentiram o que os olhos não viram. No penúltimo carnaval do século XX, a tecnologia ainda não permitia que fotos fossem compartilhadas instantaneamente de forma maciça como hoje. Assim, a informação de que houve um clarão na pista circulou pela Sapucaí; mas a imagem, não.

Tampouco fora da passarela e após o desfile foi divulgada com grande repercussão alguma imagem do buraco em toda a sua extensão — o que certamente teria acontecido hoje com a arquibancada cheia de celulares com câmera. Na reportagem da revista da própria Mocidade no carnaval de 2000, há uma ilustração, com o mapa da Sapucaí, e a indicação do espaço vazio no desfile de 1999. Mas nenhuma fotografia.

O Globo publicou uma foto em que diretores da escola aparecem ocupando o espaço que deveria ser preenchido por alas ou carros. Não é possível constatar, no entanto, o tamanho exato do estrago porque o fotógrafo Leonardo Aversa fez o registro da pista e com a lente voltada para a concentração. Da arquibancada, câmeras captariam a falha em toda a sua extensão. Ainda mais porque as adversárias, com ajuda da torcida, usam essas imagens para cobrar dos jurados a punição pelo erro.

A cobertura do resultado do *Jornal do Brasil* trouxe uma foto que ilustrava a nota "Mocidade engarrafada", sobre os pontos que a escola perdeu. Na imagem estão diretores em primeiro plano, junto a um carro que parece emperrado. Mas não aparece buraco.

O grave transtorno foi cruel, mas nem por isso uma fatalidade da qual Padre Miguel não tenha culpa alguma. Antes de o carro "Regozijo de uma raça" causar o buraco, outras alegorias já haviam emperrado no momento de entrar na Sapucaí, abrindo um espaço no setor 1. A TV mostrou, mas com a ressalva de que o vazio não seria considerado porque ali ainda não havia jurados. Estava na cara que a escola não tinha competência para fazer rapidamente a curva de 90 graus da concentração na avenida Presidente Vargas com a passarela.

O clarão foi visto praticamente só por quem estava nos setores 1 e 3, inclusive o jurado de evolução. Muito diferente do enorme buraco que a União da Ilha abriu em 2017, fotografado e divulgado imediatamente pelas redes sociais, influenciando a percepção de quem estava em outros setores. Isso sem falar nos que assistem ao desfile ligados nos grupos de WhatsApp, em casa ou na Sapucaí.

Ainda bem que fotos e textos não circulavam tão rápido naquela época. Caso contrário, a Mocidade talvez não cativasse tanta gente, que guarda até hoje a lembrança de um espetáculo irrepreensível.

Não foi a primeira vez que Villa-Lobos virou enredo. Em 1966, o maestro foi homenageado pela Mangueira. Tampouco era novidade a música clássica inspirar um desfile. Houve ocasião em que duas escolas fizeram isso no mesmo ano, como em 1995: a Beija-Flor veio com "Bidu Sayão e o canto de cristal", de Milton Cunha; a Unidos da Tijuca, com o criativo "Os nove bravos do Guarany", de Oswaldo Jardim, sobre Carlos

Gomes. Em todas as ocasiões, reportagens não conseguiram escapar do clichê da "união do clássico e do popular".

Mas, no caso da Mocidade em 1999, dizer isso não parecia populismo porque a escola estava tão carnavalesca quanto o maestro sempre foi.

E SE FOSSE CAMPEÃ?

O título da Mocidade em 1999 enterraria de vez, com dez anos de antecedência, a maledicência de que Renato Lage é high-tech de mais e carnavalesco de menos. Como em seus primeiros títulos (1990 e 1991) ele usou neon, plástico e outros recursos dos tempos de cenógrafo de TV, criou-se a lenda de que não se sairia tão bem com enredos tradicionais — apesar da explosão barroca de "Padre Miguel, olhai por nós!", sobre religião, injustamente quarto colocado em 1995. Seu desenho seria moderno e frio demais para o gosto dos puristas.

Em 2009, veio a resposta definitiva, que poderia ter sido dada em 1999: ele foi campeão no Salgueiro com "Tambor", de perfil tradicional. Mostrou o instrumento musical na pré--história, como meio de comunicação; na África; nas escolas de samba; e em projetos sociais. Uma vitória em dose dupla, porque a vermelho e branco ganhou os Estandartes de Ouro de melhor escola e enredo. Ou seja, ele dá conta do recado, não importa se a inspiração vem do passado, presente ou futuro. Já tinha mostrado versatilidade antes, mas era preciso fazer isso vencendo para calar de vez os críticos.

O artista deixou Padre Miguel em 2002. No período que vai de sua saída até 2016, a escola não tirou colocação melhor que quinto lugar, ficando em 11º em 2007, 2009 e 2013. Dividiu o título com a Portela em 2017, com o enredo "As mil e uma noites de uma 'Mocidade' pra lá de Marrakech", com o carnavalesco Alexandre Louzada. Campeã em 1999, talvez a fase ruim não durasse tanto. E Renato teria mais um título, com toda a justiça, já que muitos podem ser responsáveis pelo 7,5 em evolução. Menos ele.

9
O medo pela sua grandeza

BEIJA-FLOR, *"A saga de Agotime — Maria Mineira Naê"*, 2001

No verão de 2000 para 2001, Cid Carvalho, integrante da comissão de carnaval da Beija-Flor, estava no segundo andar do barracão cuidando dos figurinos quando o chamaram ao térreo. Foi logo, porque quem o convocara não era pessoa de tolerar descaso sem revidar. Na verdade, não era exatamente uma pessoa, mas uma entidade espiritual (incorporada num médium) que presidia um ritual junto à alegoria alusiva à feitiçaria no enredo "A saga de Agotime — Maria Mineira Naê". O exu tranquilizou o carnavalesco, dizendo que a escola estava respeitando os preceitos religiosos na confecção das fantasias e dos carros, mas que justamente aquele ao lado poderia dar algum problema, por motivo que nem ele próprio saberia dizer.

Exu gargalha de forma debochada, empunha um tridente, veste capa preta e vermelha, tem libido potente e se delicia sem culpa com a vida mundana. Por isso, foi associado ao diabo pelo cristianismo. Sua versão feminina, a pombajira, desfruta de sua sexualidade de forma escancarada. Atraente; por outro lado, bastante assustador por afrontar os limites que a vida social impõe. Mas ele tinha que estar naquele desfile não só porque era personagem do enredo, mas também porque a Beija-Flor em 2001 apostou nessa coisa que mete medo pela sua grandeza. Desfilou cheia de feitiçaria e imagens selvagens que despertam fascínio e temor, sem que se possa distinguir claramente as duas sensações.

A narrativa tinha poderosos rituais de magia, traição, sofrimento insuportável, superação e final feliz. Eram típicos elementos de folhetim, capazes de envolver o público e de fazer inveja a Janete Clair e Glória Perez. Dizia o enredo[1] que, outrora rainha em Abomei, capital do antigo Daomé, a protagonista foi vendida como escrava pelo enteado Adandoza, que queria tirar de cena Gezo, filho dela e seu meio-irmão, de quem usurpou o trono. De etnia jeje, ela conhece a cultura nagô ao chegar à Bahia, mas se mantém fiel às suas raízes e conquista a liberdade com o suor do corpo, ao trabalhar na mineração e se apropriar de parte do ouro que extraía. No último capítulo da novela, funda em São Luís do Maranhão a Casa das Minas, do culto aos voduns, entidades de sua religião. A instituição é pouco conhecida no Brasil, um mistério para o grande público. Melhor assim, porque vista com reverência. Da mesma forma que olhamos para a esfinge que parece dizer: "Decifra-me ou te devoro."

O carro da feitiçaria assustava. À frente havia a cabeça de um bode, animal sacrificado às entidades. Nas laterais, velas de 21 dias acesas,[2] bichos, e no alto a escultura da cabeça de

---

[1] Os autores são Fran-Sérgio, Ubiratan Silva, Cid Carvalho, Nelson Ricardo e Shangai, membros da comissão de carnaval liderada por Laíla.

[2] As velas de sete dias são usadas com frequência em rituais de umbanda e candomblé e chamadas assim porque ficam acesas por mais tempo que as comuns. Ao iluminar o carro com as de 21 dias, a Beija-Flor transmitia a ideia de que sua magia era mais forte do que as outras. Elas estavam em recipientes com água, e a alegoria foi acompanhada por bombeiros para evitar incêndios.

uma mulher de expressão fantasmagórica. As cores eram escuras e as composições,[3] exus e pombajiras, vestiam preto e vermelho. Imagens fortes porque aqueles rituais não poderiam mesmo ser representados com estética de princesa da Disney, mas também porque a alegoria marcou o momento em que a sorte da protagonista vira de forma radical. É justamente sob a acusação de feitiçaria que Agotime foi vendida, passando de nobre no Daomé a cativa no Brasil. "Era para ser agressivo mesmo", diz Cid Carvalho.

Previsível ficar excitado com história tão dramática. No caso dos céticos, por sugestão do enredo baseado em fatos reais, segundo a escola; para o povo de santo (e de samba), pela certeza de que havia magia. E de forma palpável, porque os carros entraram na avenida com oferendas pedidas pelos orixás.

Tudo a ver com a escola de Nilópolis. Ela quase sempre vai fundo: os carros são grandiosos; as letras dos sambas, longas; e o grito de guerra ("Olha a Beija-Flor aí, gente!!!"), chamativo, repentino e entoado por um puxador que ostenta sorriso largo, joias e disposição de adolescente, apesar dos mais de quarenta anos de avenida. "A saga de Agotime — Maria Mineira Naê" foi, antes de tudo, uma questão de fé e de sintonia com a comunidade. Comissão de carnaval, diretoria e componentes contaram tal história porque, em boa parte, são do candomblé e da umbanda, crenças diferentes do culto praticado pela protagonista mas com origem africana em comum.

---

[3] Composições são componentes que vêm no carro, em geral nas laterais e nas partes baixas, com fantasias menores que os destaques de luxo em posição central.

Era preciso distinguir a religião da homenageada de outras próximas para não haver erro de informação no desfile. Nos bastidores, no entanto, essencial era acreditar em algo imaterial. Tanto que a entidade que revelou a história à comissão de carnaval não era nem de matriz africana, e sim indígena. Norato Antônio, um encantado da pajelança, falou aos integrantes do grupo por intermédio da pajé Zeneida Lima, de quem a escola se aproximou em 1998 por causa do enredo campeão "Pará, o mundo místico dos caruanas, nas águas do Patu-Anu", de acordo com Laíla.

"Ela se tornou nossa amiga e comentou que tinha parentesco com Agotime. Certa vez, fomos para a casa dela em Jacarepaguá e o caboclo (Norato Antônio) baixou e nos contou a história. Ficamos maravilhados e criamos o carnaval em cima daquela energia e da conversa dele. Era uma energia muito pura. Ao falar, a gente se arrepia e eu fico emocionado até hoje. 'Agotime' foi o maior desfile da minha vida. A escola era um exército espiritual. Parecia que estava todo mundo tomado."

Pesquisadora, escritora e presidente da Instituição Caruanas do Marajó Cultura e Ecologia, Zeneida diz que Agotime era sua tataravó.[4] A pajé afirma ter nascido com o dom da cura e ser guiada pelas forças da natureza. Sua vida inspirou o filme *Encantados*, de Tizuka Yamasaki.

---

[4] Em artigo publicado no *Boletim 18* da Comissão Maranhense de Folclore, Sergio F. Ferretti, professor da Universidade Federal do Maranhão e autor de *Querebentã de Zomadônu: Etnografia da Casa das Minas*, contesta o parentesco de Zeneida com Agotime, assim como outras informações do enredo e a sua adequação aos preceitos religiosos. Seu questionamento, no entanto, não invalida o fato de que a crença da Beija-Flor na narrativa da pajé excitou os componentes, sendo assim razão importante para o empolgante desfile.

À narrativa de Norato Antônio foi acrescentada pesquisa em livros. Mas o contexto histórico era menos importante para a trama do que a espiritualidade. Assim, o tráfico negreiro, a mineração no Brasil Colônia e outros dados factuais seriam apenas pano de fundo para os desígnios dos deuses.

Tanto que a viagem de Agotime da África ao Brasil foi representada como um cortejo real, sublimando o sofrimento. Em vez do horror no navio negreiro,[5] a soberana atravessou o Atlântico acima de uma escadaria, em meio a súditos e abanadores de leque. Na visão do enredo, seu corpo era escravo mas seu espírito mantinha-se livre, e ela confiava em que estava predestinada a dar a volta por cima, porque assim falou o sobrenatural nos versos do samba-enredo, de Deo, Caruso, Cleber e Osmar: "Diz seu vodum/ Que o seu culto/ Num novo mundo renasceria".

A comissão de carnaval se empenhou para produzir intenso efeito dramático e conseguiu, mas o amanhecer neutralizou tanto feitiço. Panteras, serpentes, onças e outros bichos pintados em cores fortes tiveram a luz do dia como moldura. Mais ou menos como se alguém tivesse acendido a luz do trem-fantasma. Mas nem por isso a encenação perdeu a graça. Pelo contrário, os tons escuros das alegorias e fantasias se destacaram no contraste com o céu claro.

No momento em que o relógio da Central marcava 5h40, Neguinho da Beija-Flor tinha começado a cantar o samba havia pouco. Ainda eram evidentes as lâmpadas da Marquês

---

[5] No ano anterior, a Beija-Flor trouxe um navio negreiro em que se encenava o estupro de uma escrava, causando impacto, mas também críticas de que exagerava nas cenas de sofrimento em seus enredos.

de Sapucaí. A medida que a escola avançava, a luz natural ficou mais forte, até raiar o sol da segunda-feira.

Era tudo de que a Beija-Flor precisava. À noite, talvez o carro da feitiçaria parecesse assustador além da conta. A luz das velas ficaria bem evidente e comporia uma cena ainda mais forte. Poderiam dizer que a escola estava jogando pesado demais.

Iluminação à parte, o desfile seria animal a qualquer hora. E a comissão de frente (foto 27 do encarte) ajudou a entrar no clima, com uma componente que se transformava subitamente numa pantera negra, que, segundo a ficha técnica, "é o princípio da predominância, o rei das feras, o mais forte e bravo dos animais. Não pode ser sacrificada, é um fetiche dos reis para ser adorada e venerada". Na coreografia de Ghislaine Cavalcanti, 14 componentes formavam uma roda em torno da 15ª integrante para que ela, sem que o público percebesse, trocasse a fantasia de sacerdotisa e aparecesse na pele do bicho.[6]

Ghislaine lembra que na época não tinha referências para encenar a troca de roupa, técnica nova e que faria sucesso na comissão de frente da Unidos da Tijuca em 2010: "Foi um desafio, algo muito trabalhoso." Ela teve o maior cuidado com a forma e com o conteúdo, recebendo orientação de Zeneida para incluir na coreografia trejeitos compatíveis com a história de Agotime.

Tão selvagem quanto a comissão de frente foi o abre-alas (foto 29 do encarte). O Palácio de Dãxome era descrito no

---

[6] A troca rápida e imperceptível da roupa foi possível porque componentes traziam bolsas tipo canguru para ficar com partes da indumentária que Iara Barbosa, no meio de uma rodinha, lhes entregaria, ficando apenas com a malha preta da pantera. Uma delas daria a Iara a máscara do animal.

roteiro como "Casa construída sobre o estômago de Dã,[7] a cobra". A alegoria trazia serpentes, antílopes, rinocerontes e era forrada com pele de zebra. As esculturas de animais estavam presentes em seis dos sete carros.

Foi um início de desfile tão sugestivo que muita gente aposta até hoje que as cinquenta senhoras da ala de abertura entraram na Sapucaí incorporadas por algum espírito (foto 28 do encarte). Impossível que aquelas sambistas vestidas de pretas-velhas estivessem em condição normal, tamanha a veracidade com que encarnaram, à frente do abre-alas, o papel de narradoras do enredo. Curvadas, elas abriram o caminho usando bengala, cachimbo e guia (colar de contas nas cores das entidades) no pescoço.

O grupo foi selecionado pelo líder da comissão de carnaval, Laíla, de acordo com a resistência durante os ensaios. Aquelas que não aguentavam se manter muito tempo na mesma posição saíam; as demais ficavam. Ou seja, o critério foi o preparo físico, algo palpável, e adotado também na escolha de atletas para uma competição. Mas vai tentar convencer o povo do samba de que não havia componente místico algum. Perda de tempo.

As fantasias traziam em profusão palha, minipresas de elefantes de plástico e estampas de peles de animais. Pode-se até dizer que a ornamentação era excessiva e que faltou rigor estético, mas isso só ajudava a aumentar a excitação. Além de

---

[7] Em *Querebentã de Zomadônu*, Sergio F. Ferretti assim define Dã: "Serpente no ex-Daomé, atual Benim, chamada Oxumaré. Na Casa das Minas, a família de Dambirá, o panteão da Terra e da peste, é chamada de povo de Odã ou Dã, e ainda Ierodã. É chefiada por tói Acóssi." Querebentã é o nome africano da Casa das Minas.

material rústico, também havia espelhos, paetês e estrasses nas fantasias representando o bumba meu boi do Maranhão e a mineração, já que o samba dizia que "Brilhou o ouro/ Com ele a liberdade". Uma beleza selvagem que encantou gente como o jornalista Aloy Jupiara, jurado do Estandarte de Ouro.

"Alguns desfiles são mágicos, movem o público intensamente. No ano de 'Agotime', os sambistas da Beija-Flor, o chão da escola, proporcionaram essa emoção", disse ele. "Cantavam e evoluíam como que tomados pela força de resistência e superação da história que o enredo contava. Para mim, a energia desse desfile remetia ao de 1978, 'Criação do mundo na tradição nagô'" (quando a escola foi tricampeã).

Agotime seria enredo em 1999, mas não foi possível porque falou mais alto o patrocínio da prefeitura de Araxá, cantada no sambão "Araxá, lugar alto onde primeiro se avista o sol". No ano seguinte, a Liga Independente das Escolas de Samba e a prefeitura do Rio decidiram que todas as agremiações deveriam falar do país, que completaria 500 anos em 22 de abril de 2000. A azul e branco de Nilópolis veio então com "Brasil, um coração que pulsa forte, pátria de todos ou terra de ninguém".

Em 2001, não havia impedimento. Ou havia? Bem, só as sacerdotisas da Casa das Minas poderiam afirmar se os voduns autorizariam o enredo e dizer de que forma a história poderia ser contada. Integrantes da comissão de carnaval foram a São Luís pedir permissão às entidades e consultá-las sobre o que seria mostrado na Sapucaí.

"Elas nos disseram que energias poderiam ser materializadas. Ou seja, que voduns e inquices poderiam ser representados nas alegorias e fantasias", conta Cid.

Nada se faria sem a certeza da aprovação dos espíritos. Até a posição das esculturas nos carros foi decidida pela consulta às entidades.

O samba-enredo foi eficiente e muito bem casado com o enredo ao sugerir, no refrão, haver algo imaterial — mas decisivo — em questão: "Sou Beija-Flor e o meu tambor/ Tem energia e vibração/ Vai ressoar em São Luís do Maranhão".

Mas o júri oficial resistiu ao feitiço. Preferiu a Imperatriz, tricampeã com 10 de ponta a ponta e vantagem de meio ponto sobre a escola de Nilópolis, que tirou um 9,5 em alegorias e adereços e notas máximas no restante. A arquiteta Vera Rupp justificou assim sua nota: "Excesso de volumes em seus carros confundindo seus destaques c/ a própria decoração. Carro (3) — 2 pessoas carregaram o destaque central e parte danificada no acabamento lateral traseiro.[8] Carro 4. Faltou 1 destaque." O resultado causou polêmica porque a escola de Ramos não foi apontada como a favorita, e seu patrono, Luiz Pacheco Drummond, era o presidente da Liesa. Levantou-se a suspeita, jamais comprovada, de que ele teria influenciado os jurados.

O Estandarte de Ouro deu à Beija-Flor os prêmios de melhor escola e melhor enredo. Pesou na decisão do júri de *O Globo* o fato de a escola dar visibilidade a uma personagem negra

---

[8] O carro 3 era o da feitiçaria. A justificativa para o 9,5 está no arquivo da Liesa, e a própria Vera não se lembrava mais do que tinha escrito ao ser procurada pelo autor do livro em setembro de 2017. Não se pode afirmar, portanto, se ela daria nota 10 caso um acidente não tivesse danificado a alegoria. Até porque alegou outras razões para tirar meio ponto.

marginalizada pela história oficial, assim como o Salgueiro com "Xica da Silva" (1963), "Chico Rei" (1964) e "Festa para um rei negro" (1971) — uma correção política conveniente para neutralizar possíveis resistências à estética malévola e a referências a sacrifícios de animais.[9]

A Beija-Flor garante que era tudo verdade. A relação de livros entregue ao júri citava diversas publicações, inclusive *Dahomey, An Ancient West African Kingdom*, do antropólogo americano Melville Jean Herskovits, responsável pelo desenvolvimento de estudos sobre a África nas universidades dos Estados Unidos. *Querebentã de Zomadônu: Etnografia da Casa das Minas do Maranhão* — que não estava na bibliografia e cujo autor, Sergio F. Ferretti, contestou o enredo — paradoxalmente dá alguma base material à narrativa metafísica. Diz o autor que certa Nã Agotimé teria sido pioneira da Casa das Minas.

"Atualmente, os membros do grupo afirmam que a Casa foi fundada por Mãe Maria Jesuína, que adorava Zomadônu.[10] Jesuína seria africana e teria sido 'feita' na África, tendo vindo da Casa anterior.[11] Pode-se supor que Maria Jesuína era a mesma Nã Agotimé que teria nascido na década de 1770,

---

[9] O nome da fantasia da Ala dos Cabulosos era "Chibarro — o bode". A explicação sobre o que representava na ficha técnica do desfile dizia assim: "Animal propiciatório, muito usado nos rituais religiosos em sacrifícios para as entidades ancestrais. A cor vermelha simboliza o sangue."

[10] Na definição de Ferretti, Zomadônu é o "vodum masculino adulto da família de Davice, filho de Acoicinacaba. [...] É o dono ou o chefe da Casa das Minas. Foi o vodum da fundadora e das primeiras mães".

[11] A Casa das Minas funciona hoje na rua de São Pantaleão, 857, no bairro de Madre Deus, em São Luís, mas teria sido fundada em outro endereço, próximo do atual.

tendo menos de 80 anos em 1847, ano da aquisição do prédio atual. Se não foi a fundadora, Nã Agotimé teria sido a mãe de santo de Maria Jesuína."

Ferretti menciona ainda textos que associam a instituição a nobres africanos: "Segundo Verger (1952, p. 159), São Luís é o único lugar fora da África onde são conhecidas e cultuadas divindades da família real de Abomey, afirmação apoiada por Costa Eduardo (1948, p. 77) e Pollak-Eltz (1972, p. 111)." E sustenta que os fundadores da Casa foram negros africanos jejes levados como escravos para o Maranhão, que carregaram consigo o "comé".[12]

Diferentemente de uma novelista, a azul e branco queria mostrar que não estava fazendo ficção. Mas, no momento do desfile, os componentes estavam exaltados de tal forma que não tinham a menor condição de pensar se qualquer seme-lhança com fatos reais era mera coincidência.

Na pesquisa do Ibope, a azul e branco terminou em pri-meiro (nota 9,5), empatada com a Acadêmicos do Grande Rio, que mexeu com o público ao trazer o dublê americano Eric Scott, que sobrevoava a Marquês de Sapucaí com roupa de astronauta. A escola de Caxias, que trouxe o enredo "Genti-leza, o profeta saído do fogo", de Joãosinho Trinta, produziu a imagem do carnaval de 2001, destacada em jornais, revistas e TVs. Mas é preciso relativizar o impacto da surpresa porque

---

[12] A julgar pelas duas definições do autor para o termo, ele se refere aos fun-damentos da religião. Comé é o "quarto dos santos ou dos segredos chamado peji nos cultos nagôs. É o santuário onde se encontram os assentamentos das divindades e outros objetos de culto e nele entram apenas os iniciados". Ou o "nome de uma cidade ao sul da República de Benin, próxima a Grande Popo, onde teria se originado o culto a Quevioçô e a Sobô".

Scott, que usou uma mochila espacial desenvolvida pela Nasa, vinha bem à frente da escola. Não estava integrado ao cortejo, sendo assim uma atração extra. E, mesmo se estivesse, não compensaria falhas graves como o samba arrastado, fantasias pesadas e de mau gosto e um enredo confuso. O astronauta não seria a andorinha a fazer sozinha o verão.

No entanto, faz todo o sentido a imagem dominar as capas de *O Globo* e do *Jornal do Brasil* da Quarta-Feira de Cinzas, porque jamais se tinha visto tal cena na Sapucaí. É da natureza do jornalismo destacar a novidade. Surpreendente foi o *JB* apontar a Grande Rio como favorita e publicar tantos elogios a seu desfile apesar de o astronauta não ter influenciado diretamente seu desempenho em um único quesito sequer. Para o bem ou para o mal

Sendo assim, a grande surpresa do carnaval de 2001 equivaleria a uma cena espetacular de um filme ruim, exibida antes mesmo dos créditos iniciais. Certamente, ficaria na história do cinema pelo inusitado, mas não por alguma qualidade intrínseca à sétima arte. A Grande Rio terminou em sexto lugar[13] e ganhou apenas um Estandarte de Ouro, de melhor passista, para Avelino Ribeiro. Ou seja, um prêmio para desempenho individual, não pelo conjunto.

Já a Beija-Flor foi sucesso de público, crítica e mídia. Seu desfile foi crescendo até empolgar a apresentadora Glória Maria e o comentarista Ivo Meirelles de um jeito que, no final da transmissão pela TV Globo, ambos pareciam nascidos e criados em Nilópolis. Ela comentou que a azul e branco

---

[13] A escola perdeu três pontos por exceder o número permitido de carros alegóricos, mas, ainda que não tivesse sofrido a punição, ficaria na mesma colocação.

estava "magnífica", "de arrepiar" e fazia um "espetáculo maravilhoso". Ele concordou e ainda alfinetou a então bicampeã Imperatriz: "Me desculpe o desfile técnico, mas eu acho que a Beija-Flor de Nilópolis está dando uma aula de como deve ser escola de samba."

Assim a azul e branco encerrava o primeiro dia de desfiles como grande favorita. Ainda faltavam as sete escolas de segunda-feira, e muita gente acreditava que sua magia era forte o suficiente para quebrar a sina do domingo, dia em que, até então, apenas em quatro ocasiões (1985, 1987, 1994 e 1996) a campeã desfilara desde que a festa fora dividida em duas noites, em 1984.

Mas se a escola teve tanto cuidado com os preceitos religiosos, fez direito o dever de casa, por que os espíritos não ajudaram a conquistar o título? Primeiro, porque macumba não ganha jogo nem carnaval. Invocar os orixás excita os sambistas e ajuda a fazer um desfile vibrante, com boas notas em evolução, harmonia e samba-enredo. Mas nada garante. Depois porque talvez não fosse essa a vontade das entidades. O carro da feitiçaria — danificado ao fazer a curva da avenida Presidente Vargas com a Marquês de Sapucaí — foi justamente aquele que poderia dar problemas, segundo o exu que baixara no barracão antes do carnaval.

O acidente com a alegoria feriu um destaque, entrevistado por Lilia Teles, da TV Globo, na armação. De início, ele deu a impressão de que falaria sobre o assunto, mas depois negou estar machucado — uma tentativa patética de tapar o sol com a peneira, porque a repórter disse que sua mão estava sangrando, e a câmera mostrou que ele escondia o ferimento com um pedaço da fantasia. Além disso, a peça da ornamentação que havia se soltado apareceu jogada no chão. Não havia como negar as imagens.

Foi duro ser vice pela terceira vez consecutiva, perdendo para a mesma Imperatriz. Bem que a entidade avisou que algo poderia dar errado. Ser derrotado assim só alimentou a lenda em torno de Agotime e reforçou a crença no sobre-natural. Menos mal. Perder o título é suportável, porque é possível conquistá-lo no carnaval seguinte. Mas perder a fé seria o fim para o povo da Beija-Flor, porque, sem ela, nem o enredo nem a vida fariam o menor sentido.

E SE FOSSE CAMPEÃ?

O título da Beija-Flor em 2001 não teria grande repercussão nos rumos do carnaval porque não seria surpreendente. A escola havia sido campeã em 1998 e vice em 1999 e 2000. Da mesma forma, os enredos de inspiração africana já tinham sido vitoriosos. A diferença é que abordavam o candomblé nagô, enquanto a escola de Nilópolis falou dos voduns de etnia jeje, culto menos conhecido, que ganharia assim mais visibilidade com o campeonato no Grupo Especial.[14]

O impacto seria maior no imaginário. A vitória alimentaria explicações místicas sobre o resultado. Se o frisson dos componentes deu a impressão de que eles estavam enfeitiçados

---

[14] A Casa das Minas já fora enredo da Unidos do Cabuçu ("De Daomé a São Luiz, a pureza mina jêje"), em 1981, mas sem grande repercussão porque a escola era da segunda divisão.

pelo enredo, as narrativas sobre o campeonato certamente diriam que os jurados também foram envolvidos pela magia. Muita gente afirmaria que houve intervenção dos espíritos presentes no desfile.

O feitiço da Beija-Flor viraria uma lenda.

10
De volta para o futuro

UNIDOS DA TIJUCA, *"O sonho da criação e a criação do sonho:*
A arte da ciência no tempo do impossível", 2004

O cronômetro da passarela já marcava quatro minutos de desfile da Unidos da Tijuca em 2004, mas as câmeras na dispersão ainda mostravam Xuxa, que tinha acabado de ser homenageada pela Caprichosos de Pilares. Repórteres, fotógrafos e cinegrafistas foram guerreiros para conseguir chegar à apresentadora porque ela estava cercada de seguranças e fãs dispostos a tudo por uma foto. Nas redações de jornais, TVs e sites, editores esperavam as imagens, e ai de quem não registrasse a cena.

Mal sabiam eles que, dentro de instantes, seria preciso estar atento porque a Sapucaí veria a cena de maior impacto do carnaval de 2004 e, com alguma controvérsia, deste século pelo menos até 2017: o Carro do DNA da Unidos da Tijuca, composto basicamente por estrutura metálica e 127 componentes com os corpos pintados de azul brilhante fazendo uma coreografia. O enredo — "O sonho da criação e a criação do sonho: A arte da ciência no tempo do impossível" —, sobre o progresso científico, era incomum, e a novidade estava no fato de que o impacto não vinha de escultura, desenho ou qualquer outro elemento clássico de ornamentação, e sim das pessoas. Chegava assim ao grande público o conceito de alegoria viva do carnavalesco Paulo Barros.

Jornalistas tinham seus motivos para ficar de olho em Xuxa. Enquanto ela era uma estrela, a Tijuca havia voltado ao Grupo Especial em 2000. Tinha conquistado um campeonato em 1936 e vinha de um nono lugar em 2003. Ou seja, nenhum profissional de imprensa, se tivesse que optar, deixaria a apresentadora e iria para a armação da escola do Morro do Borel.

Enquanto Xuxa dava entrevista, ao longe se ouvia o puxador Wantuir entoar o refrão: "Sonhei, amor, e vou lutar/ Para o meu sonho ser real/ Com a Tijuca campeã do carnaval". A hipótese de título cantada no samba (de Jurandir, Wanderlei, Sereno e Enilson) só aumentava o contraste entre a pretensão da escola e o desinteresse da TV por sua largada.

Pelo seu histórico, só em sonho a Tijuca seria campeã. Para 2004, apostava num carnavalesco de 41 anos que desde a adolescência frequentava barracões e tinha sido comissário de bordo da Varig. Talentoso, cheio de vontade de mudar paradigmas, ele era desconhecido do grande público. E substituía gente mais experiente. Milton Cunha, seu antecessor em 2003, já tinha passado pela Beija-Flor antes de chegar à Tijuca em 2002. Em 2001 e 2000, o carnavalesco da escola do Borel fora Chico Spinosa, que assinara com Mário Monteiro o carnaval campeão da Estácio de Sá em 1992.

O presidente Fernando Horta estaria correndo perigo ao confiar em alguém sem experiência no Grupo Especial. Tanto que este foi o tema da enquete da TV Globo no desfile da Tijuca. Os telespectadores responderiam se as escolas deveriam apostar em novos talentos. O resultado é um sinal de que o público gosta de se surpreender, mas, por outro lado, quer mais do mesmo: 90% por cento disseram que não.

A carnavalesca Maria Augusta não tinha dúvida de que a Tijuca fizera a coisa certa ao contratar Barros. Antes do carnaval, ela afirmara que ele seria a grande revelação de 2004 e elogiara seu trabalho na Paraíso do Tuiuti, no Grupo de Acesso, em 2003. E chamou a atenção para as alegorias vivas na transmissão da Globo antes mesmo de o Carro do DNA aparecer na tela.

Compreensível o entusiasmo dela com Barros, porque eles tinham algo em comum. A Tijuca em 2004 foi uma mostra de que é possível se destacar sem ostentar dinheiro, da mesma forma que Maria Augusta fez na União da Ilha em 1977, com "Domingo". Nos dois casos, a temática fugia do convencional, e o apelo visual vinha das formas e cores, e não do brilho.

Em 2003, Barros já surpreendera com o enredo sobre Portinari na Tuiuti. O abre-alas era ornamentado por um acúmulo de latas de tinta de várias cores, ilustrando o cotidiano do pintor, que morreu intoxicado pelas emanações de seu material de trabalho. E os espantalhos saíram dos quadros para um carro alegórico, mas não em formato de escultura, e sim de componentes que faziam coreografia. Muito bom, mas boa parte do público não sabia porque ignorava a segunda divisão.

Se na TV os espectadores mostraram reservas com estreantes, nos bastidores da Tijuca havia insegurança. Recém-chegado à escola, Barros teve que suportar a intriga de parte da cúpula tijucana. Diretores estavam certos de que aquele carro composto basicamente de uma estrutura de ferro seria um fracasso e a escola voltaria ao Grupo de Acesso. Uma loucura do carnavalesco que sequer ganhara um título, nem nas divisões de baixo. Fernando Horta, de início, ficou ressabiado, mas depois bancou a ousadia: "Eu dizia a quem estava preocupado: 'Deixa o rapaz trabalhar.'"

Havia risco na criação de alegoria incomum e na proposta de enredo sem precedentes à terceira escola mais antiga do Rio, ainda em atividade, de estilo tradicional. Nos dois anos anteriores, a azul-pavão e amarelo-ouro viera com temas históricos. Em 2002, "O sol brilha eternamente sobre o mundo de língua portuguesa", de Milton Cunha, exaltou a presença do idioma de Camões no planeta. O desfile começou com uma brilhante comissão de frente, de Marcelo Misailidis, que resumia o assunto formando um barco de papel no qual estava impresso um trecho de *Os lusíadas*. Criativa e tão didática que poderia ser usada como ilustração de livro de ensino fundamental para explicar que o português se espalhou por vários países por meio das grandes navegações.

No ano seguinte, "Agudás, os que levaram a África no coração e trouxeram para o coração da África, o Brasil!", de Milton Cunha, contou a história de negros que retornaram ao continente de origem, transportando a cultura brasileira. Nos dois enredos, eram citados episódios comuns em desfiles, como a expansão marítima portuguesa e o tráfico negreiro. Mas a abordagem era mais inteligente que de costume. Tanto que a escola do Borel ganhou os Estandartes de Ouro de melhor enredo em 2002 e 2003. Barros assumiu, portanto, o carnaval de uma agremiação tradicional, porém aberta a boas ideias.

Um vez que a ciência seria enredo, esperava-se que o DNA tivesse relevância porque era destaque na imprensa. Já caíra na boca do povo. O primeiro anúncio do sequenciamento do genoma humano, em 2001, foi acompanhado de cobertura intensa da mídia. As reportagens abordavam promessas dos milagres médicos e científicos que se seguiriam.

A palavra DNA dava origem a novas expressões. Assim, para explicar que determinada característica é inata, passou a se dizer que "está no DNA", em vez do surrado "está no sangue". E Barros sempre foi atento à vida contemporânea, além do universo do carnaval. Criado em Nilópolis, ele foi destaque da Beija-Flor, mas não fez disso uma camisa de força. Bebeu na fonte de Joãosinho Trinta,[1] mas, diferentemente do mestre, sempre gostou da cultura pop.

Chegou o carnaval e ninguém dava nada pela Tijuca. Carnavalesco inexperiente, enredo estranho e, diziam os boatos, alegorias pobres. Uma delas, inclusive, mal tinha decoração, comentava-se à boca pequena. O disse me disse apontava para o sério risco de fracasso. Desde que voltara ao Grupo Especial, a melhor colocação fora um quinto lugar, em 2000. Depois disso, nona colocada em 2001 e 2003 e décima em 2002.

A jornalista Simone Fernandes, então assessora de imprensa da Portela, conta que estava indo para a concentração da azul e branco quando viu os componentes do Carro do DNA começando a se arrumar. Percebeu que se tratava de algo

---

[1] Joãosinho foi surpreendente ao ganhar seus primeiros títulos nos anos 1970, mas, três décadas depois, era tradicional diante dos mais jovens. Suas inovações foram incorporadas por outras escolas, e ele já não possuía mais o mesmo vigor criativo. Além disso, o velho artista tinha como fortes referências culturas clássicas e povos milenares, como os gregos, egípcios, babilônios etc. Mal citava a cultura pop, presença forte no trabalho de Barros.

original e comentou com colegas que tinha gostado: "Riram de mim e disseram que a escola ia cair", lembra.

Parte dos sambistas tijucanos se arrumou para o desfile com desânimo. Mas o astral começou a mudar ainda na concentração. Um jornalista pediu a Marcelo Sandryni (que assinou com Roberta Nogueira a coreografia do Carro do DNA) que os componentes subissem na alegoria para uma foto. Por pouco, Barros não permitiu. Ainda bem que mudou de ideia, porque quando eles começaram a fazer a coreografia e a cantar, a arquibancada gratuita da avenida Presidente Vargas vibrou: "Quando o Sandryni veio falar comigo do pedido do jornalista, o 'não' veio na ponta da língua. Um anjo da guarda me fez autorizar. Foi uma gritaria na arquibancada em cima do Mangue. Aquela euforia contagiou toda a escola, inclusive quem estava pessimista por não saber como seria. Foi a primeira vez que viram o carro como ele apareceria na avenida", conta o carnavalesco.

Da concentração à pista, ficou melhor ainda. A iluminação da passarela, a coreografia e o canto tornaram a alegoria mais deslumbrante e a TV exibiu-a de diversos ângulos. O público foi rapidamente da surpresa à ovação. E a imprensa preocupada em editar boas fotos de Xuxa notou logo que havia outra imagem que merecia destaque na primeira página. Tanto em *O Globo* quanto no *Extra*, a foto do Carro do DNA dividiu a capa com a apresentadora na edição de segunda--feira de carnaval.

Na Quarta-Feira de Cinzas, no entanto, a Tijuca sequer foi apontada como uma das favoritas. A manchete de *O Globo* era o Estandarte de Ouro de melhor escola para o Império Serrano, que ganhara o prêmio em mais quatro categorias. O jornal dizia que, além da Serrinha, cinco agremiações estavam na briga: Portela, Viradouro, Mangueira, Beija-Flor e Imperatriz Leopoldinense. Pela projeção, a azul-pavão e amarelo-ouro ficaria, na melhor das hipóteses, em sétimo lugar.

O *Jornal do Brasil* não citava a escola do Borel nem entre os destaques da primeira noite. "Entre Minas e Amazonas", dizia a manchete de terça-feira, com o subtítulo: "A Mangueira da Estrada Real e a Portela das lendas do Norte são as favoritas do domingo." Além destas, na edição do dia seguinte citou Beija-Flor, Viradouro, Imperatriz e Império Serrano na chamada em que afirmava que "não será surpresa se houver empate ou vitória muito apertada".

A manchete do *Extra* afirmava: "Sambas históricos ameaçam Imperatriz." E acrescentava: "Portela e Viradouro, com enredos antigos e emocionantes, podem tirar o campeonato da escola de Ramos, que novamente fez um desfile irretocável. Mangueira e Beija-Flor também empolgaram o Sambódromo e estão no páreo." E *O Dia* estampou na capa o resultado de seu júri popular: "Beija-Flor ganha o Tamborim de Ouro."

Mas Artur Xexéo percebeu que nascia uma estrela. O colunista de *O Globo* apostou que Paulo Barros seria o sucessor de Joãosinho Trinta, em texto publicado no Segundo Caderno de Quarta-Feira de Cinzas: "Acredite: depois do carnaval 2004, os carros alegóricos nunca mais serão os mesmos." A coluna, com o título "O futuro do carnaval está na Unidos da Tijuca", confrontava a decepção com o carnavalesco consagrado com a satisfação de ver um grande talento surgir: "Os carros gigantescos que Joãozinho Trinta lançou no carnaval vinham se transformando em alegorias abstratas que carregavam grupos enormes de gente fantasiada. Um baile à fantasia num salão móvel. Pois a Unidos da Tijuca mostrou que pode ser diferente. Como no carro dos Frankensteins, em que os componentes ajudavam a formar a alegoria. Ou no fantástico carro 'Criação da vida', em que os componentes eram a própria alegoria [...] O nome do carnavalesco é Paulo Barros. Tem 27 anos[2] e estava estreando no Grupo Especial. O carnaval não precisa se preocupar. Finalmente Joãozinho Trinta já tem sucessor. O futuro está garantido", dizia a coluna, escrita antes de o resultado oficial ser divulgado.

Difícil dizer por que parte da imprensa não se deu conta, num primeiro momento, de que a Tijuca fazia história em 2004 e não a apontou como favorita. Justamente profissionais que fazem de tudo em busca de informações surpreendentes não se deixaram levar de imediato pela novidade. Talvez porque a nostalgia tenha dado o tom daquele carnaval. Pela primeira vez, a Liga Independente das Escolas de Samba autorizou a reedição de sambas-enredo. E quatro escolas do Grupo Especial tentaram repetir o passado glorioso cantando clássicos: Império Serrano (com "Aquarela brasileira", de 1964), Portela ("Lendas e mistérios da Amazônia", de 1970), Viradouro ("Festa do Círio de Nazaré", da Unidos de São Carlos, de 1975) e Tradição ("Contos de areia", da Portela, de 1984).

Os sambas reeditados eram melhores do que quase todos os inéditos — até pela fartura de opções. Era possível escolher melodias de um período de mais de quatro décadas: as próprias e as de coirmãs. Bastava revirar o baú cheio de pérolas para garantir a nota máxima e o apelo à memória afetiva. Todo mundo, inclusive os jornalistas, foi para a Sapucaí

---

[2] Na verdade, o carnavalesco, nascido em maio de 1962, tinha 41 anos na ocasião.

pronto para morrer de saudade. Mas Paulo Barros os levou de volta para o futuro.

O embrião do carro alegórico mais famoso do século XXI — pelo menos até 2017 e sempre com alguma controvérsia[3] — surgiu em 2003, quando Paulo Barros e integrantes da Casa da Ciência da Universidade Federal do Rio de Janeiro se aproximaram por causa do enredo em homenagem a Candido Portinari na Paraíso do Tuiuti. Como o objetivo da instituição é divulgar a ciência, surgiu a ideia de levar o assunto à Sapucaí. Primeiro foi preciso convencer o presidente Fernando Horta a embarcar no projeto; depois, decidir o desenho da alegoria.

O ponto de partida foi a dupla hélice, formato como o DNA aparece nos livros escolares. Uma boa referência, mas tal imagem é didática e científica. O carnavalesco estava em busca de uma ilustração artística. Já tinha desenhado todas as outras alegorias e ainda não achara uma solução. Até que, subitamente, algo novo lhe veio à cabeça no momento em que passava pela ponte Rio-Niterói: "Foi uma aparição", lembra.

Ele pensou que o corpo humano seria fundamental. Chegou a imaginar componentes fazendo o movimento da dupla hélice, mas logo desistiu porque seria impossível. "Só se eu tirasse a coluna vertebral das pessoas", conta. "Lembro como se fosse hoje. Cheguei ao barracão, chamei o ferreiro e abri um espaço no chão. Peguei um giz e desenhei uma linha que tinha uma curvatura. Disse a ele: 'Me faz tubos de ferro nessa curvatura.' Depois que esses tubos ficaram prontos, vi como as pessoas ficariam ali de costas. Coladinhas, uma quase se

---

[3] A "águia redentora" da Portela de 2015 e o Cristo da Mangueira de 2017 também entram na galeria das imagens inesquecíveis no século XXI.

sobrepondo à outra. O que as seguraria seria uma peça onde encostariam o pé. Não havia superfície para se apoiar. O número de 127 componentes[4] foi decidido pelo espaço. Seriam quantos coubessem. Aí dei o carro como pronto. Foi aquele desespero no barracão."

A estrutura foi forrada com tecido e ornamentada na base com pequenas placas com desenho de moléculas. No alto, viria um destaque. Embaixo, esculturas de corpos humanos em formato de dupla hélice, na traseira; na dianteira, espaço para uma composição (destaque com fantasia menor). A decoração era discreta, já que a massa de figurantes toda pintada de glitter azul é que deveria se destacar. E chamou tanta atenção que mal se lembram dos demais elementos da alegoria.

"Quase ninguém registrou que havia destaque no alto do carro (foto 30 do encarte). E olha que era enorme. O DNA me ensinou que algumas peças numa alegoria são apenas para encher linguiça, enquanto outras têm uma função específica. Eu ponho esses elementos porque, do ponto de vista do regulamento, fazem falta, mas sei que para o foco do desfile são extremamente desnecessários", diz o carnavalesco.

Tão ignorado quanto o destaque Santana Hoffstater no alto foi o problema nas esculturas traseiras, que girariam, mas entraram na Sapucaí sem movimento porque o gerador de energia precisou ser desligado. A chuva na concentração fez estufar a madeira do revestimento e atingiu o equipamento. Ninguém sentiu falta.

---

[4] A alegoria trouxe 129 pessoas: 127 fazendo a coreografia mais o destaque no alto e uma composição à frente.

Foi um mal menor diante da tragédia que Paulo Barros temia que acontecesse com as 129 pessoas que viriam na alegoria. Quando a estrutura do carro já estava montada, o carnavalesco ficou com a sensação de que não era segura o suficiente para suportar o peso dos componentes. Ainda mais porque a coreografia previa movimentos simultâneos, que aumentariam o impacto sobre a ferragem.

"Quando eu questionava a segurança, o ferreiro não me dava a menor confiança. Eu então fui ao Horta e disse a ele que havia o risco de matarmos 129 pessoas. Ele então chamou o Hélcio Paim, que confirmou a minha impressão e reforçou a estrutura. Foi um aprendizado tanto para mim quanto para o Hélcio, porque, até então, não se trazia tanta gente assim nas alegorias. Engraçado que a sala do Horta no barracão ficava exatamente em frente ao carro, e quando eu disse que aquele seria a grande estrela do desfile ele olhou para a minha cara, virou o rosto e eu li o pensamento dele: 'Você está me dizendo que essa merda vai ser a estrela do desfile'", lembra Barros, aos risos.

Então chefe da ferragem, Hélcio conta que precisou refazer a estrutura do carro. Ao ver o ensaio da coreografia, ele notou que os pneus arriavam em alguns momentos. Decidiu, então, colocar mais um eixo de caminhão e mais quatro pneus, ficando um total de dez: "Fiquei achando que poderia estourar um pneu", diz ele, hoje integrante da comissão de carnaval tijucana.

Segurança era questão nevrálgica, mas operacional. Havia decisões artísticas a tomar. Os componentes seriam pintados apenas de uma cor, já que a uniformidade daria a ideia de que, assim como pessoas da mesma família, todos compartilham a genética, apesar de terem suas individualidades. Ou seja, temos características comuns, mas ninguém é exatamente igual a outra pessoa. Mas que cor? Paulo pensou no azul ou no dourado, da bandeira da Unidos da Tijuca. Venceu o azul depois de um teste num componente.

Na verdade, os corpos não foram exatamente pintados, mas soprados. Receberam uma camada de vaselina especial, para não fechar os poros, sobre a qual se soprou o glitter azul metálico. Um a um. Uma trabalheira danada. Depois disso, os componentes não podiam tocar em nada para não tirar a "pintura". Se alguém quisesse beber água, teria que ser de canudo para que o copo não borrasse a boca.

Homens e mulheres usaram apenas uma tanga. Não para dar à alegoria um caráter sensual que a junção de corpos se-minus no carnaval poderia sugerir. Barros achou que cobrir os seios das componentes tiraria um pouco da aparência uniforme que ele desejava. Mas sem sugestão erótica. Até porque muitos não tinham corpo escultural: "Nas minhas alegorias dei oportunidade aos gordinhos, aos magrinhos, aos feios e aos bonitos sem discriminação."

A coreografia foi decidida levando em conta apenas o critério plástico. No enredo, não queria dizer nada; para os olhos, tudo. Entre os momentos mais bonitos, Barros destaca aquele em que eles davam os braços e se moviam para os lados: enquanto uma fileira ia para a esquerda, as outras, acima e abaixo, iam para a direita. E vice-versa. E também quando ficavam em silêncio e em seguida levantavam a cabeça, começando a cantar o samba, e a estrutura balança-va — motivo de preocupação com a segurança. Agradável também para os ouvidos, porque os componentes a uma só voz e bem próximos uns dos outros produziam uma massa sonora pesada.

A inventividade de Paulo Barros rendeu à Tijuca o segundo lugar, com 387,9 pontos, oito décimos atrás da bicampeã Beija-Flor, que tinha um belo samba, mas não empolgou a Sapucaí. O carnavalesco ganhou os Estandartes de Ouro de melhor enredo e revelação. Em 2005 e 2006, a sua Tijuca levou os prêmios de melhor escola do jornal *O Globo*, mas no júri oficial ficou, respectivamente, em segundo e sexto lugares.

A ousadia que arrebatou o público também despertaria resistências por desafiar padrões. Em 2015, na Mocidade, ele pôs fogo na saia da porta-bandeira e trouxe casais simulando orgias de forma bem clara; em 2008, na Viradouro, criou um banquete de baratas, trouxe foliões decapitados, fantasiados de guilhotina e de cadeira elétrica, e um carro inspirado no filme *O exorcista*, com gente de cabeça para baixo, pregada em estacas. Parecia filme de terror.

Tanto atrevimento alimentou a maldade dos adversários. Começaram a dizer que a estética de Paulo Barros estava mais para heavy metal do que para carnaval. Alto lá! Ele gosta de provocar os conservadores, mas, quando quer, sabe conciliar perfeitamente seu estilo com a tradição. E prova disso é a sua obra-prima, que tem o espírito da festa.

Se não existe carnaval sem excesso estético, o Carro do DNA foi abundante ao trazer 129 pessoas, e havia o brilho do glitter. E se a festa é sensual, os muitos corpos seminus de mulheres e homens estavam bem próximos uns dos outros. Um apelo erótico que nem era a intenção: "Você é a primeira pessoa que me fala isso", disse ele ao autor. Mas nenhum carnavalesco, compositor ou pintor consegue controlar a forma como suas mensagens são recebidas. Tampouco escritores. Por isso, boa parte dos leitores vai continuar achando a alegoria inocente.

Os carnavais seguintes eternizaram o Carro do DNA, que inspirou outras alegorias vivas. Em 2005, a Unidos do Porto da Pedra trouxe componentes fazendo coreografia bem parecida com a da Tijuca do ano anterior. De lá para cá, todo ano há pelo menos uma citação.

Mas nem só de DNA viveu a Tijuca em 2004. Já na comissão de frente se percebia como seria bem desenvolvido o enredo. Os componentes evoluíram com saias que rodavam sozinhas (foto 32 do encarte), numa ilustração didática para o seguinte questionamento: "A ciência move o homem ou o homem move a ciência?" A evolução e a harmonia foram perfeitas. O samba foi cantado com empolgação e a escola passou compacta, sem erros.

As alas também eram surpreendentes. Representavam, entre outras coisas, múmias, a ovelha Dolly e os transgênicos, além de um mestre-sala fantasiado de Sherlock Holmes e de ritmistas de chapéus com o formato de cérebro. O carro "Esses homens maravilhosos e suas máquinas voadoras" mal tinha brilho, e a alegoria anterior à do DNA trazia Frankensteins (foto 31 do encarte) fazendo uma coreografia que ressaltava o seu caráter doentio, alertando para os riscos da manipulação científica.

O primeiro título de Barros viria em 2010 na Unidos da Tijuca. O artista é criticado por uns; adorado por outros. Dele sempre se espera algo tão criativo quanto sua obra-prima. Mas tamanha inspiração não se repete a toda hora.

E SE FOSSE CAMPEÃ?

A vitória da Tijuca em 2004 causaria impacto assim como a da Beija-Flor em 1976. Há quatro décadas, a escola de Nilópolis quebrou a hegemonia de Portela, Mangueira, Salgueiro e Império Serrano. Foi uma zebra, mas Joãosinho Trinta tinha sido bicampeão na vermelho e branco da Tijuca em 1975. Ou seja, a escola de Nilópolis surpreendeu, mas o carnavalesco já tinha títulos.

No caso de Paulo Barros, seria uma vitória pessoal logo na estreia no Grupo Especial numa escola em que ninguém apostava, pois só vencera uma vez, em 1936. Diante de tamanha surpresa, concorrentes se perguntariam como a façanha foi possível.

As alegorias vivas seriam ainda mais copiadas, não só pelo visual, mas também pela constatação de que renderam o campeonato. O carnavalesco se tornaria uma referência mais segura. E haveria mais estímulo à ousadia porque a maior motivação é vencer, e não empolgar o público ou ser criativo e surpreendente. Uma pena, porque não é preciso título para ser inesquecível. Fosse assim, não faria sentido publicar este livro.

Este livro foi composto na tipografia Palatino
LT Std, em corpo 12/17, e impresso em
papel off-white no Sistema Cameron da
Divisão Gráfica da Distribuidora Record.